RADYKALNIE ŻYWA

ponad przeszłością i przemocą

DR. LISA COONEY

Tłumaczenie: Katarzyna Przyszewska

Korekta: Patrycja Piątek, Aleksandra Proux

PODZIĘKOWANIA

Ta książka jest dla prosperującego CIEBIE.

Nigdy nie jest za późno na zmianę.
Zacznij tu, gdzie się znajdujesz dzisiaj.

Może czujesz się załamany, ale istota, którą jesteś, NIGDY
nie może być złamana.

Wystarczy zwrot o jeden stopień, a w tym przypadku jest to
sięgniecie po tę książkę i zmiana sposobu patrzenia na rzeczy.

Jestem niezwykle wdzięczna i serdecznie dziękuję osobom,
które mi towarzyszyły na tej drodze; tym, które były przy
mnie blisko, obok mnie oraz tym daleko ode mnie.

Nie ważne, gdzie wylądujesz i jak się tam dostałeś,
najważniejsze jest to, że się zmieniłeś i że o tym wiesz.

Pamietaj o tym!

Dziękuję

WPROWADZENIE

Ponad 20 ostatnich lat mojego życia poświęciłam pomocy innym w wyzwoleniu się z „więzienia nadużycia" i kreowaniu pełnego radości i sensu życia dla siebie. Pracowałam z tysiącami klientów, którzy są zachwyceni ze znakomitych rezultatów osiągniętych poprzez ten rodzaj facylitacji, który oferuję – zbalansowany z potencjałem, seksualnością (energią otrzymywania) i wrażliwością.

W tej książce będziesz mógł przyjrzeć się mojej pracy, co pozwoli Ci nie tylko przezwyciężyć nadużycia i przemoc z przeszłości, ale również wyniesie Cię ponad wszystko, co dotychczas powstrzymywało Cię przed życiem pełnią życia.

Jako wykwalifikowana psychoterapeutka spędziłam większość mojej wczesnej kariery zawodowej podążając tradycyjną ścieżką pomocy ludziom w uleczaniu traumy i nadużycia. I prawdopodobnie nadal by tak było, gdyby nie to, że jestem swoją najlepszą studentką.

Można powiedzieć, że wszystko, czego się nauczyłam,

zdobyłam ciężką drogą - poprzez osobiste, trudne doświadczenia.

Pozwólcie, że wytłumaczę...

Przez pierwsze dwie dekady życia byłam bardzo nieszczęśliwa. Jako dwudziestolatka próbowałam znieczulić się alkoholem, narkotykami i imprezami. Miałam nadwagę i nie dbałam o siebie.

Pewnej nocy niemal straciłam życie przez swoje lekkomyślne zachowanie.

Dorastałam w domu pełnym przemocy. Byłam wykorzystywana seksualnie, psychicznie i emocjonalnie od wczesnego dzieciństwa do czasu, gdy miałam ponad dwadzieścia lat.

Cały czas miałam poczucie winy, czułam się bezradna i żyłam w strachu. Moje starania zdawały się marne, a szczęście było beznadziejnie poza moim zasięgiem. Samo życie wydawało mi się niemożliwe. Przemoc miała pełną kontrolę nad wszystkimi aspektami mojego życia.

Wszystko było nie tak, z moją osobą włącznie.

Zawsze czułam, że nigdzie nie pasuję. Jedyną rzeczą dającą mi szczęście był alkohol i ucieczka. Wypijałam i wciągałam wszystko, co wpadło mi w ręce tylko po to, aby przestać czuć. Wydawało mi się to najlepszym sposobem egzystowania - oszołomiona i nieprzytomna.

W czasie studiów chodziłam po kampusie zgarbiona, ze wzrokiem wbitym w ziemię. Pewnego dnia podeszła do mnie pani profesor i zapytała czy wszystko u mnie w porządku. Nigdy wcześniej nikt mnie o to nie pytał. Nigdy. Moje oczy natychmiast wypełniły się łzami.

Pomogła mi ona zrozumieć, że to z czym żyłam przez lata jest wyleczalne. Napełniła mnie nadzieją wydostania się ponad to i kreowania nowego życia dla siebie samej. I to właśnie zrobiłam.

Dzisiaj mam wymarzone życie, ponad wszystko to, co kiedykolwiek mogłam sobie wyobrazić: podróżuję dla pracy i dla przyjemności dookoła świata prowadząc zajęcia o byciu Radykalnie Żywym ponad Przeszłością i Przemocą (Radically Alive Beyond Abuse) oraz zajęcia o Energii Otrzymawania (Receiving Energy) za pomocą naszych ciał. Mieszkam w pięknym domu w towarzystwie kogoś, kogo uwielbiam. Jestem otoczona dwudziestoma pięcioma hektarami pięknej ziemi, dwudziestoma końmi, trzema psami i wiele więcej. Mam intymne, pielęgnujące i pełne wsparcia relacje z przyjaciółmi oraz ludźmi, których kocham. Jestem pełna życia i zawsze wybieram więcej.

Jakiejkolwiek traumy i jakichkolwiek nieszczęść doznałam, staram się dokonywać wyborów ponad nimi. Jestem szczęśliwa – najszczęśliwsza, jaką kiedykolwiek byłam ze sobą. Nareszcie „otrzymuję" siebie i cały czas uczę się nowych sposobów otrzymywania.

PRZEMOC NIE ZNA GRANIC

PRZEMOC, w swojej naturze, obejmuje bardzo szerokie terytoria.

Zdarza się nam i zdarza się *wewnątrz nas* utrwalając się w zakamarkach doświadczeń.

Przejawia się w sposobie myślenia, mówienia, działania oraz w braku działania.

Przejawia się w Twoich finansach, możliwościach zarabiania pieniędzy i rodzajach pracy, jaką wybierasz.

Przejawia się w każdej relacji jaką masz – od relacji z sąsiadem z tej samej ulicy, z przyjaciółmi, z którymi utrzymujesz kontakt, po relację z partnerem, z jakim się wiążesz.

Albo się nie wiążesz.

Przejawia się w Twoim zdrowiu, wyglądzie i funkcjonowaniu Twojego ciała oraz w tym co jesz.

I tak mogłabym wymieniać bez końca...

Nie ważne, gdzie według Ciebie znajduje się Twoje doznanie na kontynuum nadużycia. Ważne jest to, aby uznać te doświadczenia i rzucić im wyzwanie. Być może tak jak ja, przeżyłeś traumę i horror przemocy w wczesnym dzieciń-stwie. Albo Twoi rodzice rozwiedli się, kiedy byłeś mały i już nigdy więcej nie zobaczyłeś taty (lub mamy). Może Twoi rodzice kłócili się o pieniądze i dzisiaj zmagasz się, aby związać koniec z końcem.

Jakakolwiek była tego rozpiętość i zakres... wszystko jest tutaj mile widziane.

Żyjemy w obejmującym wszystko Wszechświecie.

KU WOLNOŚCI

Jakby to było dla Ciebie żyć ponad Twoimi dotychczasowymi doświadczeniami? Jakie marzenia skrywa Twoje serce? Jakie podszepty świadomości słyszysz?

Może już to wiesz, może jeszcze nie. Nie każdy, kto się u mnie zjawia, zaczyna ze świadomością tego, czego chce. Lata zaprzeczania i osądzania siebie to wysoka cena nałożona przez przemoc i czasem wszystko to, co Ci pozostało, to mały kąsek życia zaledwie pozwalający na przetrwanie.

Ta książka pokaże Ci, jak uwolnić się od tego czegoś, co nazywam „niewidzialną klatką nadużycia".

Otworzy Cię też na nowe koncepcje, na to, co jest możliwe i podsunie pomysły do wykorzystania w każdym momencie i w każdej sytuacji, w której się znajdujesz. Nie ma znaczenia czy w Twojej przeszłości nastąpiły jakieś nadużycia czy nie, bo te zasady i wskazówki są przydatne dla każdego.

Z drugiej jednak strony, jeśli doświadczyłeś przemocy w przeszłości, ta książka może być dla Ciebie kołem ratunkowym.

Jedna uwaga: jeśli moje podejście i język, jakiego używam, jest dla Ciebie nowe – to dobrze. Nie jest to żadna literówka, lecz raczej bardzo specyficzny, zakorzeniony w modalnościach, których używam, sposób mówienia o czymś. Mimo tego, że jestem licencjonowaną psychoterapeutką, szkoliłam się również i mam certyfikaty z wielu alternatywnych terapii i czasem dobieram słowa z nich zaczerpnięte. (Jeśli chcesz dowiedzieć się więcej, odwiedź moją stronę internetową www.DrLisaCooney.com)

Jedna rzecz jest pewna...

Jeśli wprowadzisz w praktykę materiał zawarty w tej książce, uwolnisz się od różnorakich trapiących Cię rzeczy lub od rzeczy, które nie pozwalają Ci na wybór tego, co chcesz stworzyć. To Cię popchnie w kierunku tego, co nazywam *Radykalną Żywotnością*... i nie mogę się doczekać, aby dzielić ją z Tobą.

Zaczynajmy zatem!

Dr. Lisa Cooney

Dr Lisa Cooney jest niesamowitym facylitatorem! Ma laser w oczach, dzięki któremu dokładnie wie, co się dzieje i przeprowadzi Cię przez to z opiekuńczym wsparciem! Rzuca jasne światło na to, co ukrywasz w Twoich czeluściach, z których nie potrafisz się wydostać. Doświadczyłam mnóstwa zmian i nowych świadomych powodów, dla których robię to, co robię sobie i ludziom, na których mi zależy. Dała mi narzędzia do zmiany nawet najgłębszej, najciemniejszej traumy mojego życia. Pomogła mi odkryć moje piękne prawdziwe ja. TERAZ mam PRAWDZIWY WYBÓR w moim życiu, aby żyć swobodnie, jak chcę! Gorąco polecam dr Lisę Cooney jako facylitatora, jej warsztaty procesów na ciało oraz zajęcia radykalnej żywotności!!

Tak wiele zmieniło się w moim życiu, od kiedy pierwszy raz usłyszałam dr Lisę mówiącą o tworzeniu i życiu Radykalną Żywotnością Ponad Przeszłością i Przemocą. Nie identyfikując się z nadużyciem przeszłości, byłam zaskoczona, jak bardzo jej mądrość może zmienić wszystko ... ponad przemocą! Mój związek z ciałem stał się inny i lepszy, mam więcej zabawy i jestem bardziej obecna w swoim ciele niż kiedykolwiek wcześniej. Moje relacje z ludźmi są łatwiejsze, współpracuję z innymi w interesach, czego dotychczas unikałam. Przede wszystkim... wybieram dla siebie na zupełnie nowym poziomie i tworzę życie, które mi odpowiada. To tylko jeden z wielu sposobów, w jaki w moim życiu przejawiła się Radykalna Żywotność. Jak może być jeszcze lepiej?

Praca z dr Lisą jest najlepszą rzeczą, jaką kiedykolwiek zrobiłam dla siebie! Moje życie zmieniło się w sposób, o jakim w przeszłości mogłam tylko marzyć. Zostawiłam za sobą lata życia jako ofiara. W trakcie procesu stałam się pewna siebie i zdrowsza pod każdym względem – fizycznie, mentalnie, emocjonalnie i duchowo. Byłam w stanie zostawić okropną pracę, podwoić dochody i stworzyć nowy biznes. Schudłam czterdzieści pięć kilogramów i mam szczęśliwy związek z kochającym partnerem. Dziękuję. Dziękuję. Dziękuję.

Dr Lisa jest potężną i zaangażowaną uzdrowicielką, zdolną znaleźć i przekształcić każdą blokadę jej przedstawioną. Tym sposobem tworzy się atmosfera głębokiego zaufania i bezpieczeństwa, która pozwala wynurzyć się najgłębszym lękom, blokadom i przekonaniom, żeby je uleczyć. To niesamowity dar pracować z jedną z najpotężniejszych uzdrowicielek na świecie.

Lisa jest NAJLEPSZA! Jako były złoty medalista i mistrz świata całkowicie popieram jej przełomową praktykę, którą dr Lisa prowadzi pod względem indywidualnego wzmocnienia i uzdrowienia. TO DZIAŁA!

Ta książka jest dedykowana Tobie, drogi Czytelniku. Dziękuję Ci za wybór nowych możliwości dla siebie. Dziękuję, że postanowiłeś uwolnić się od przeszłości. Dziękuję za to, że wiesz, że bez względu na to jaka jest Twoja tragedia, trauma lub ograniczenie teraz lub w przeszłości, jesteś potężnym twórcą i zawsze możesz dokonać nowego wyboru ponad Twoimi okolicznościami.

Być może podobnie jak ja łatwo popadałeś w depresję, choroby, brak i samotność. Odkryłam, że narzędzia i słowa przedstawione w niniejszej książce w znacznym stopniu pomogły mi w odzyskaniu sił i pełnym odnalezieniu swobodnego sposobu wyrażania siebie. Przyjęłam proste i pragmatyczne podejście. Mam nadzieję, że również uznasz je za przydatne dla siebie.

Wiem, że z traumą i nadużyciem sprawy nie są proste i możesz czuć się przytłoczony. Obyś odnalazł pokój i ukojenie, wiedząc, że dopóki się nie poddasz, nie zrezygnujesz i nie odpuścisz, słowa tej książki będą pomocne dla Ciebie.

Obyś zainspirował się i przekształcił traumę w Radykalną Żywotność Ponad Przeszłość i Przemoc.

Mój przyjacielu, zawsze:

Wybieraj SIEBIE

Opowiadaj się za SWOIM życiem

Współpracuj ze Wszechświatem wiedząc, że CIĘ wspiera i błogosławi i Kreuj dla SIEBIE i ze SOBĄ.

Współpracuj ze Wszechświatem wiedząc, że CIĘ wspiera i błogosławi i Kreuj dla SIEBIE i ze SOBĄ.

ROZDZIAŁ 1
WYCHODZĄC PONAD NIEWIDZIALNĄ KLATKĘ NADUŻYCIA

Kroczenie do przodu to prosta rzecz.

Ciężkie jest to, co pozostaje za Tobą.

— *DAVE MUSTAINE*

"Czy możesz opisać szczegóły przemocy z Twojego wczesnego dzieciństwa?" Po tym, jak usłyszałam to pytanie od mojego wydawcy, nastąpiła długa cisza.

Ona właśnie zrecenzowała pierwszy szkic mojej książki, *Creating after Abuse*, i chciała usłyszeć więcej szczegółów na temat nadużyć z mojej przeszłości. Poprosiłam, aby dała mi chwilę na dokładne przypomnienie sobie wszystkiego.

Całe osiem minut później zaczęłam jej wymieniać wszystkie szczegóły.

W czasie tych ośmiu minut skanowałam swoje ciało i byłam zdumiona odkryciem, że po dwóch dekadach fizycznego, seksualnego, emocjonalnego, finansowego, duchowego i fizjologicznego nadużycia, nie miałam wcale poczucia, że nadużycie nadal „zasiedla" moje ciało – pomimo tego potrafiłam przypomnieć sobie ciężar wszystkich tych zdarzeń.

Kiedy podawałam jej szczegóły, miałam wrażanie, że opowiadam historię klienta albo znajomego, a nie swoją. To nie była dysocjacja ani odłączenie; raczej stałam się ucieleśnieniem siebie ponad swoje doświadczenie przemocy.

Uśmiechnęłam się, zdając sobie sprawę, jak daleko zaszłam w swojej podróży ponad nadużycie.

Jedną z rzeczy nadzwyczaj pomocnych było czytanie poradników – tak jak robisz to teraz Ty – podkreślałam w nich zdania, aż słowa wyskakiwały z kartek i wchodziły we mnie, pozwalając mi dostrzec inną rzeczywistość. Świadomość tego, że inni rozumieją moje doświadczenia, dawała mi nadzieję.

I odkryłam, że najwyraźniej nie byłam w tym osamotniona.

Robiłam też inne rzeczy. Na przykład próbowałam się wspinać, medytować, pływać i jeździć na rowerze, aby wypędzić z siebie nadużycie. Szukałam doradztwa i nawet zdobyłam stopień magistra oraz doktorat z psychologii. Zobowiązałam się do nieustannej własnej edukacji klinicznej, energetycznej i psychologicznej, wszystko to w celu znalezienia sposobu wyjścia ponad przemoc, jakiej zaznałam.

Prowadząc warsztaty za warsztatami i pomagając innym uwolnić się od nadużycia, ostatecznie uwolniłam również siebie. I na tym nie poprzestałam. Moje zaangażowanie w wykorzenienie i wyeliminowanie przemocy we wszystkich występujących na tej planecie formach, poprzez ruch Żyj Swoim ROAR, nadal trwa.

. . .

WYCHODZĄC PONAD PRZEMOC: NOWY PARADYGMAT UZDRAWIANIA

Być może doświadczyłeś nadużycia, bez względu na to, czy była to przemoc seksualna, psychiczna, duchowa, finansowa czy emocjonalna. Mogło to być pojedyncze wydarzenie albo cała seria zdarzeń.

Możliwe, że do tej pory poświęciłeś wiele czasu i energii, uzdrawiając doświadczenia nadużycia i całkiem możliwe, że nadal nie widzisz rezultatów, jakich pragniesz. To zrozumiałe. Niestety odkryłam, że wiele narzędzi i praktyk, które mają służyć wyjściu ponad przemoc, opiera się na naprawianiu i definiowaniu siebie poprzez historię doświadczonych nadużyć. Ja mam do tego zupełnie inne podejście.

Uważam, że nie chodzi o to, aby się naprawić, żeby odzyskać wolność. Przyjmując taki model z góry zakładamy, że jest z nami coś nie tak i szukamy rozwiązań, aby naprawić ten problem.

Staje się to studnią bez dna. Nigdy nie sięgamy jej dna, bo ciągle nie czujemy się naprawieni czy pełni. Zamiast tego mamy wrażenie, że kręcimy się w kółko, zastanawiając się, czy to się kiedykolwiek skończy i oczekując, aż nadejdzie dzień, w którym w końcu będziemy uzdrowieni. Uzdrowienie z przemocy ma miejsce stopniowo, czasami tych stopni jest wiele. Skupienie się na tym, co dla nas dobre jest kamieniem węgielnym do wzmocnienia siebie ponad przemoc.

Ten rozdział, który częściowo jest zaczerpnięty z mojej przyszłej książki *Creating After Abuse,* przedstawia nowy sposób uzdrawiania ponad przemoc.

Odkryjesz, że nie ma potrzeby naprawiania siebie ani definiowania się poprzez pryzmat trudnej przeszłości. Dowiesz się również, jak dokonać wyboru i raz na zawsze skończyć z nadużyciem oraz nigdy więcej nie pozwolić temu wydarzeniu lub serii wydarzeń zdominować całego Twojego życia.

NIEWIDZIALNA KLATKA NADUŻYCIA

Znaczną część mojego życia spędziłam w niewidzialnej klatce.

Mówię o niej „niewidzialna" gdyż, pomimo życia w jej środku jak cichy więzień, nie miałam nawet pojęcia o jej istnieniu. Nazwanie i nadanie kształtu przesłaniu, jakie chcę przekazać światu, zajęło mi dziesięciolecia. Dotychczas, kiedy rozmawiałam o klatce nadużycia z kimś, kto doświadczył przemocy, następował moment identyfikacji, a nawet uczucie ulgi, przemykało na jego twarzy. Możesz mieć podobne odczucia, czytając te słowa.

Klatka ma w sobie subtelny osąd, że coś jest z tobą nie tak, co przyjmujesz za pewnik i prawdę. Innymi słowy, postrzegasz siebie jako złego i niepoprawnego dlatego, że w Twoim życiu była przemoc. Ta „niepoprawność" staje się filtrem, przez który widzisz i doświadczasz rzeczywistości. W rezultacie kreujesz swoje życie poprzez popełnione na Tobie nadużycia i więzisz w nich siebie samego.

Twoja klatka jest jak duch, który nieustannie szepcze Ci do ucha. Szepcze, kiedy masz przed sobą wyzwania. Nawet wtedy, kiedy życie jest w porządku, ona nie przestaje. Szczerze mówiąc, właśnie wtedy zaczyna szeptać jeszcze głośniej, chcąc, w akcie desperacji, zatrzymać Cię wewnątrz.

Życie z ograniczeniami klatki zatrzymuje Cię w dobrze znanym Ci miejscu. Przedziwne jest poczucie komfortu bycia ograniczonym przez klatkę, nawet jeśli bardzo pragniesz żyć ponad nią.

Klatka nadużycia jest oparta na braku, ograniczeniu i kłamstwie.

Klatka nadużycia powstrzymuje Cię przed wolnością, przyjemnością i możliwościami.

Życie wewnątrz klatki to życie bez głosu. Możesz być w stanie mówić i funkcjonować w świecie, ale pozostała część Ciebie jest odizolowana, bezgłośna, wycięta z rzeczywistości – ta część żyje wewnątrz Ciebie, osłabiona i odrętwiała.

Ból życia wewnątrz klatki bywa tak wielki, że możesz wybierać, aby się w nią nie zagłębiać. Możesz być odrętwiały, albo wycofany właśnie po to, aby uniknąć bólu. Możesz czasami w ciągu dnia opuszczać swoje ciało. Możesz również używać jedzenia, alkoholu, narkotyków i leków, aby tym bardziej się wycofać.

Stajesz się pustą skorupką tego, kim prawdziwie jesteś.

Zastanawiasz się, dlaczego sabotujesz samego siebie, kiedy w istocie robisz to, do czego została zaprojektowana klatka: walczysz z życiem i mówisz „nie" z pozycji zakleszczenia i zaciśnięcia, zamiast obejmować swoje życie mówiąc „tak" z pozycji ekspansji. Wewnątrz klatki nadużycia nieustannie reagujesz na życie poprzez wzorce przemocy doświadczonej w przeszłości, co utrzymuje je wciąż przy życiu.

Możesz zauważyć również, że funkcjonowanie poprzez klatkę nadużycia wpływa na wszystkie obszary Twojego życia. Kiedy filtrujesz świat poprzez okulary przemocy, to jakbyś tym bardziej przyciągał ją do siebie, czym powodujesz jeszcze większe poczucie winy. A zdania typu „Sam kreujesz swoją rzeczywistość" wcale nie pomagają. Kiedy wzorzec przemocy nieustannie się odtwarza i nie wiesz, jak to zatrzymać, wzmacnia to jedynie uczucie, że coś jest z tobą nie tak.

To, co często dzieje się wewnątrz klatki, gdy nadużycie odzwierciedla naszą rzeczywistość, to fakt, że nasza percepcja przeradza się w łagodną formę szaleństwa. To, co wydaje się być prawdą, może być kłamstwem i na odwrót. Odnajdujemy się w sytuacjach, gdzie ufamy ludziom, którym nie powinniśmy ufać, a nie ufamy tym godnym zaufania.

W naszym życiu pojawiają się ludzie reprezentujący wszelkie rzeczy, jakie chcemy zamanifestować i wygenerować, ale odpychamy ich, bo zaangażowanie się z nimi oznaczałoby wyjście ponad klatkę, a wyjście z niej wywołuje ogromny dyskomfort.

Jeśli włóczysz się po świecie w niewidzialnej klatce nadużycia, prawdopodobnie zakładasz, że jest to Twój jedyny wybór. Prawdę mówiąc, dla większości ludzi, z którymi pracowałam, sama idea wyboru wydawała się na początku ich dezorientować. Łatwo kupiliśmy mit, że z powodu doświadczonej przemocy już na zawsze nasze życie będzie wypełnione cierpieniem. Twoje życie do tej pory pokazywało Ci wielokrotnie dowody na to, że tak właśnie jest.

Natomiast życie jako cichy więzień w niewidzialnej klatce nadużycia nie musi już być Twoim jedynym wyborem.

ZAPRZYJAŹNIJ SIĘ Z KLATKĄ NADUŻYCIA

Wspierając dziesiątki tysięcy osób na całym świecie w przezwyciężeniu nadużycia i przemocy, odkryłam, że nie zawsze wychodzimy z klatki nadużycia przez szybką naprawę.

Najpierw musimy podnieść swój poziom świadomości i uznać istnienie klatki.

To może być moment, kiedy po raz pierwszy obudzisz się i zrozumiesz, że klatka w ogóle istnieje. Kiedy opowiadam o klatce, ludzie często mówią „O, to jest właśnie to", słysząc, jak nazywa się słowami coś, co do tej pory pozostawało nienazwane.

To tak, jakby przez cały czas na środku pokoju zesrał się słoń, a wszyscy po cichutku przechodzili obok niego. Nie będziemy tego dłużej ignorować. Cuchnie i musimy się tym teraz zająć.

Po tym jak przyjmiesz do wiadomości istnienie klatki, musisz zaakceptować również to, że w niej żyłeś. W bardzo dosłownym znaczeniu, klatka była Twoim największym sprzymierzeńcem w zdrowieniu: *chroniła Cię w czasie, kiedy potrzebowałeś ochrony*.

Piękne jest to, że kiedy uznasz klatkę nadużycia i wybierzesz coś innego niż zamykanie się w niej, stajesz się delikatniejszy. Otwierasz tym możliwość bycia w jedności ze swoim bólem.

Ostatecznie jest to jedyny sposób, aby rozpuścić pręty klatki i wejść w prawdziwą wolność, radość i możliwości, jakie istnieją niezależnie od niej.

Aby wyjść z klatki nadużycia, nie musisz wcale odzyskiwać czegokolwiek. To jest miejsce, gdzie moje podejście bardzo mocno różni się od tego, czego prawdopodobnie doświadczyłeś wcześniej na różnego rodzaju terapiach. Zamiast tego uczysz się jak dokonywać wyborów, które nie odtwarzają nadużycia. Odkrywasz, jak połączyć się z samym sobą ponad szaleństwem, które na samym początku stworzyło tę klatkę. I wybierasz życie, w którym Twoje doświadczenie (bez względu czy było to jednorazowe wydarzenie czy cała ich seria) nie definiuje całe Twoje istnienie.

Prawdopodobnie cała Twoja rzeczywistość zacznie się zmieniać, kiedy tylko zaczniesz dostrzegać w jaki sposób klatka nadużycia była obecna w Twoim życiu.

WYCHODZĄC PONAD KLATKĘ NADUŻYCIA

Okrutnym żartem o nadużyciu jest to, że ono samo skończyło się bardzo dawno temu, a Ty cały czas podtrzymujesz je, traktując siebie samego w sposób, w jaki potraktował Cię oprawca.

Dlaczego to robisz?

Niewidzialna klatka nadużycia czyni Cię więźniem przekonania, że coś jest z Tobą nie tak albo że jesteś zły, że nie zasługujesz na własne życie i raczej musisz robić to, co inni ludzie uważają, że powinieneś, albo musisz robić to, co należy (dokładnie tak, jak miało to miejsce w czasie nadużycia: robisz to, co Ci ktoś każe i Twoje potrzeby się nie liczą). Albo wciąż masz poczucie winy, kiedy stawiasz siebie na pierwszym miejscu. A to poczucie bezustannie pcha Cię z powrotem do klatki nadużycia.

Kiedy zaprzyjaźnisz się z klatką nadużycia, przestajesz być w stanie wojny i konfliktu z samym sobą. To jest miejsce, z którego zaczynasz wybierać siebie, opowiadać się za sobą i angażować się w swoje życie.

Jak to wygląda?

Zaangażowanie się we własne życie polega na opowiedzeniu się za tym, co wybierasz, bez względu na wszystko.

To jest postawa: nigdy się nie poddawaj, nigdy nie rezygnuj (powiedział irlandzki wojownik we mnie). I nie chodzi w tym o *napieranie, staranie, wykluczanie albo walkę.*

Już nie musisz udowadniać albo walczyć, aby mieć swoje życie dla siebie. Po prostu to wybierasz. To opowiedzenie się za swoim życiem nie jest ciężarem, wręcz przeciwnie – daje Ci łatwość, lekkość, radość i zabawę, które są możliwe, kiedy wybierasz dla siebie. I wymaga to życzliwości dla samego siebie, której być może nigdy wcześniej nie doświadczyłeś.

Ale uważaj, jest większa blokada, jaką możesz napotkać, angażując się we własne życie...

Prowadziłam tysiące osób pragnących przezwyciężyć skutki nadużycia seksualnego i jednym z największych wyzwań było dla nich odpuszczenie historii nadużycia. To własna historia i rola ofiary powstrzymywała ich przed opowiedzeniem się za sobą samym. Tak jakby byli bardziej zaangażowani i oddani tej historii, niż w możliwość życia ponad nią. Też byłam w tym miejscu. Znam to. Musi to jedynie być "fazą" w Twojej podróży z klatki nadużycia do radykalnej żywotności.

Kiedy kurczowo trzymasz się historii nadużycia, zatrzymujesz sam siebie w pułapce roli „ofiary". Wydaje się, że „życie Ci się przydarza" i jesteś ofiarą okoliczności, więc bez względu na to co zrobisz i tak dostaniesz tylko okruszki, zatem lepiej dać sobie spokój.

Wówczas nadużycie staje się idealną wymówką, aby nie robić nic i nie angażować się we własne życie.

Ale jest również inna możliwość, którą chcę Ci pokazać.

Kiedy odłożysz historię przemocy na bok, pojawi się możliwość uwolnienia wewnętrznej udręki doświadczonej przemocy i wyjdziesz z klatki nadużycia i niepoprawności siebie, otworzy się przed Tobą przestrzeń na zupełnie coś nowego:

Zaczniesz odkrywać "wspaniałość" siebie.

Staniesz się *radykalnie żywy* – przestrzenią bycia, w której przemoc już nie kieruje Twoim życiem oraz generujesz i kreujesz życie dla siebie ponad wszystkim, co byłeś w stanie sobie kiedykolwiek wyobrazić.

W następnym rozdziale dowiesz się więcej o klatce nadużycia i jej wpływie na Twoje naturalne zdolności kreowania i tworzenia.

ROZDZIAŁ 2
KREATYWNOŚĆ JAKO PRZESTRZEŃ MOŻLIWOŚCI

Przemoc jest jedną z największych przeszkód dla kreatywności.

Prawdę mówiąc, nie chodzi o samą przemoc, bo w większości przypadków u moich klientów nadużycie już dawno się skończyło. To mogło być jednorazowe zdarzenie w ich przeszłości albo dziesięciolecia nadużyć.

W obu przypadkach ludzie nazywają to zablokowaniem. To jakby byli uwięzieni w niewidzialnej klatce, czegoś w rodzaju niszczącej siły powstrzymującej ich przed tworzeniem swojego życia w pełni.

Tak naprawdę zatem to *klatka nadużycia* jest jedną z największych przeszkód dla kreatywności. Klatka nadużycia podtrzymuje destrukcję, wycofanie, oddzielenie oraz izolację, a będąc w niej zamknięty, jesteś w permanentnym stanie degradowania i umniejszania siebie.

NIEWIDZIALNA KLATKA NADUŻYCIA

Jeśli kiedykolwiek doświadczyłeś nadużycia czy przemocy wiesz, że bardzo łatwo jest utknąć w powtarzaniu wzorców z przeszłości ukazujących się jako ograniczenia w zdrowiu, relacjach i przepływie pieniędzy.

Zasadniczą kwestią jest to, że Twoje generatywne i kreatywne zdolności robienia tego, co kochasz w życiu, stają się zablokowane. To tak, jak zacięta płyta gramofonowa, która utknęła w trakcie piosenki pod tytułem „Nie mogę", „Nie wiem, co mam robić" i „Coś jest ze mną nie tak".

Jak ogień kreatywności ma płonąć, skoro przytłacza go duszność? I jak masz wrócić do energii kreatywności, jeśli jesteś zamknięty w niewidzialnej klatce?

DESTRUKCJA DOMINUJĄCA NAD KREACJĄ

Zamiast kreować swoje życie nieświadomie *wybierasz* energię destrukcji. W subtelny, ale wszechobecny sposób niszczysz wszystko, co chcesz stworzyć. Może to pojawiać się pod postacią niszczenia albo zakończenia związków, bankructwa, popadania w długi i kłopoty finansowe albo/i niszczenia swojego ciała – i nieuświadomienia sobie nigdy, że coś innego jest możliwe. Odczuwasz to jak wiosłowanie pod prąd, ciągle napotykając trudności, przeszkody lub katastrofy.

Dlaczego tak się dzieje?

Dlatego, że dysharmonia i konflikt są Ci bardzo znajome.

A harmonia i spokój są Ci obce.

Niewidzialna klatka ma swoje korzenie w kłamstwie, że coś z Tobą jest nie tak. Oparta jest na przekonaniu, że jesteś ograniczony i czegoś Ci brakuje. Te *osądy*, jakie narzuciłeś sam na siebie (i potencjalnie również na innych) koncentrują się na niszczeniu Ciebie i utrzymaniu Cię w poczuciu bycia małym. Nie są nastawione na kreowanie radykalnej żywotności w swoim życiu.

To brzmi jak szaleństwo, wiem. Dlaczego ktokolwiek miałby wybierać niszczenie swojego życia zamiast kreowania swojego życia?

Wszystko, co musisz zrobić, to przyjrzeć się temu z bliska i być otwartym na całkowitą szczerość. Zapytaj siebie:

- *Czy do tej pory tworzyłem czy niszczyłem swoje życie?*
- *Czy do tej pory tworzyłem czy niszczyłem swoje relacje?*
- *Czy do tej pory tworzyłem czy niszczyłem swoją relację z samym sobą?*
- *Czy do tej pory tworzyłem czy niszczyłem swoją relację z pieniędzmi?*
- *Czy do tej pory tworzyłem czy niszczyłem swoją relację ze swoim ciałem?*

BĄDŹ ZE SOBĄ SZCZERY

Tak, jak wspomniałam w Wprowadzeniu, pierwsze dwadzieścia lat mojego życia było wypełnione nadużyciem: psychicznym, seksualnym, emocjonalnym, mentalnym, finansowym. Pojawiało się ono z różnych stron: członków rodziny, przyjaciół rodziny, Kościoła, agencji modelingowej i uzdrowicieli.

Przez całe dzieciństwo powtarzano mi, że jestem zła i uwierzyłam w to kłamstwo. Ono stało się klatką, w której żyłam.

Podczas procesu uzdrawiania byłam zdeterminowana do wykorzystania swojego doświadczenia związanego z nadużyciem jako katalizatora dla Rewolucji Ponad Przemocą i później również dla ruchu Żyj Swoim ROAR (Radykalnie, Orgazmicznie Żywą Rzeczywistością, *Radically, Orgasmically Alive Reality*). Ale najpierw, aby to osiągnąć, musiałam być ze sobą szczera i zobaczyć, w jaki sposób niszczyłam (zamiast kreować) swoje życie, relacje, karierę, finanse, ciało, zdrowie i całe moje istnienie.

Na przykład, nigdy nie chciałam, aby ktoś się do mnie zbliżył, bo bałam się, że zobaczy całe moje zło i ucieknie z krzykiem. Jak mogłam kreować cokolwiek poza destrukcją, jeśli byłam zła i nikt nigdy nie będzie w stanie mnie pokochać?

Dorastając, nauczyłam się również języka nieżyczliwości, jakiego w dorosłym życiu używałam w relacjach. Kreowałam konflikty zamiast jedności, co w rezultacie skończyło się rozwodem i rozpaczą.

Mając dwadzieścia lat, nie liczyłam się z potrzebami mojego ciała i niszczyłam je poprzez destrukcyjne zachowania: narkotyki, seks, przejadanie się. Miałam pieniądze, a jednak czułam się winna, że je mam, a inni nie, płaciłam więc za wszystkich, chcąc w ten sposób kupić ich miłość.

Wszystkie te zachowania utrzymywały mnie w pułapce niewidzialnej klatki nadużycia powtarzającą cały czas te same przemocowe wzorce, jakie znałam z dzieciństwa. Wszystko, co znałam to niszczenie siebie i wszystkiego w moim życiu.

MOST PONAD KLATKĄ

Punktem zwrotnym był moment, kiedy podeszła do mnie pani profesor i zapytała, czy wszystko u mnie w porządku.

Rozmowa z nią stała się mostem do nowego rozdziału w moim życiu. Pomogła mi dostrzec, że jest inna droga niż odtwarzanie wzorców przemocy.

Zobligowałam się do odnalezienia drogi wyjścia z klatki, która trzymała mnie uwięzioną w destrukcji i nie pozwalała żyć moim prawdziwym życiem. Zostałam doktorem psychologii i studiowałam dziesiątki metod uzdrawiania. Współpracując z terapeutami i uzdrowicielami, jednocześnie podróżowałam w kierunku własnego uzdrowienia, pomagając klientom i prowadząc ich na ich własnej ścieżce uzdrowienia ponad ich niewidzialną klatką nadużycia.

Dzisiaj, ponad dwadzieścia lat później, mam za sobą pracę z tysiącami klientów na całym świecie i jestem głęboko wdzięczna za te dawne lata tak obfite w nadużycia, będące katalizatorem metody *Creating After Abuse* (*Tworzyć po nadużyciu*).

Jestem podekscytowana tym, że mogę podzielić się kluczami otwierającymi klatkę nadużycia, jakie odkryłam dlatego, że ponad przemocą, poza klatką, po drugiej stronie mostu, jest sposób życia mający korzenie w energii wyboru, możliwości i kreatywności.

Ten sposób życia nazywam bycie *Radykalnie Żywą*.

WITAJ W RADYKALNEJ ŻYWOTNOŚCI

Wyobraź sobie....

. . .

Budzisz się gotowy do działania, szczęśliwy, że żyjesz i gotowy zobaczyć, co jeszcze jest dzisiaj możliwe. Od początku do końca, Twój dzień jest pełen wyborów opartych na tym, czego pragniesz, a dzięki tym pragnieniom wszystko staje się możliwe i stajesz się generatywnym i kreatywnym magnesem.

Ludzie uwielbiają być w Twoim towarzystwie. Zmieniasz energię wszystkiego dookoła siebie, po prostu będąc sobą.

Twoje relacje opierają się na jedności i harmonii. Jest w nich zabawa, łatwość, radość i wzajemność. Twoje ciało jest zdrowe i wibrująco żywe. Jesteś pełen energii. Masz w sobie niezwykły blask.

Twój biznes rozkwita, a współpracownicy cieszą się i z chęcią dołączają do Ciebie, cokolwiek kreujesz. Każdy dzień jest nową możliwością otrzymywania pieniędzy, wsparcia i możliwości.

Życie jest radosną przygodą. Śmiech i lekkość przepełniają Twoje ciało. Jesteś oczarowany niezwykłym połączeniem, jakie masz z samym sobą.

Ludzie pytają Cię, co zrobiłeś, aby się zmienić i odpowiadasz im "Wybrałem siebie i radość, i kreowanie tego, co wiem, że jest możliwe".

Inspirujące, nieprawdaż?

To jest życie, jakie czeka na Twój wybór.

Pozwól, że pokażę Ci klucze do odblokowania siebie i wyjścia z klatki nadużycia, tak że Ty również będziesz mógł przejść przez most i doświadczyć Radykalnej Żywotności.

CZTERY C: CHOOSE – WYBIERZ, COMMIT – OPOWIEDZ SIĘ, COLABORATE – WSPÓŁPRACUJ & CREATE - KREUJ

4C (**C**hoose, **C**ommit, **C**ollaborate & **C**reate czyli: Wybierz, Opowiedz się, Współpracuj i Kreuj) są kluczami, które wyzwolą Cię z kłamstwa i ograniczeń, w które kiedyś uwierzyłeś oraz przerwą destrukcyjny cykl utrwalający wcześniejsze nadużycia.

*1. Wybierz siebie (**Choose You**)*

Co to znaczy "wybierać siebie?"

Wiesz, jak to jest być w relacji z kimś i robić wszystko, aby wspierać tę osobę, a nie siebie.

To przykład, kiedy **nie** wybierasz siebie. Kiedy robisz coś dla innych kosztem siebie, czynisz ich ważniejszymi od siebie. To właśnie dzieje się przy nadużyciu: Twoje potrzeby i pragnienia stają się nieistotne.

Kiedy wybierasz siebie, Twoje potrzeby i pragnienia stają istotne.

Ty stajesz się priorytetem. Ty zaczynasz kreować swoje życie.

Kiedy wybierasz siebie, nadal możesz być hojny i wspierać innych, ale nie robisz tego kosztem siebie. Włączasz siebie we wszystkie wybory i relacje.

Co mógłbyś wykreować, kiedy wybierasz siebie?

. . .

*2. Opowiedz się za sobą (**Commit to You**)*

Kiedy opowiadasz się za sobą i swoim życiem, decydujesz się, że nigdy się nie poddasz, nigdy nie zrezygnujesz i nigdy nie pozwolisz czemukolwiek lub komukolwiek Cię zatrzymać. To jest Twoje zaangażowanie się w siebie i wybieranie siebie w każdym momencie, każdego dnia.

Innymi słowy: nie odpuszczasz. Nigdy.

Moja nieustępliwość w pokonaniu pierwszych dwudziestu lat mojego życia i przezwyciężenia całego nadużycia, jakiego doświadczyłam, pochodziła właśnie z tego miejsca. Kiedy pierwszy raz zdałam sobie sprawę, że żyję w klatce nadużycia, i że jest też coś innego, co mogę wybrać ponad tą klatką, poprzysięgłam sobie nigdy się nie poddać, dopóki nie przejdę z klatki na drugą stronę mostu.

I również poprzysięgłam sobie wspierać innych w wyjściu poza klatkę poprzez wybieranie siebie i angażowanie się w siebie.

Kiedy opowiadasz się za sobą, obligujesz się do *bycia w pełni sobą we wszystkich swoich relacjach*. Nie separujesz się, starając zadowalać i dostosowywać się do innych. Paradoks polega na tym, że kiedy rzeczywiście opowiadasz się za sobą i angażujesz się w siebie, stajesz się bardziej dostępny i łatwiej możesz wspierać innych w harmonijnej i wzajemnej wymianie.

Co mógłbyś wykreować, kiedy opowiadasz się za sobą?

*3. Współpracuj ze Wszechświatem (**Collaborate with the Universe**)*

Jak napisałam wcześniej, kiedy siedzisz w klatce nadużycia, możesz czuć, że wiosłujesz pod prąd, napotykając trudności, przeszkody lub katastrofy. Masz wrażenie, że świat czyha tylko na to, aby cię dorwać.

Bardzo długo ja również w to wierzyłam. Myślałam, że wszyscy są przeciwko mnie i wszystko muszę zrobić sama.

To jest *kłamstwo*.

Bo prawda jest taka, że Wszechświat chce Ci błogosławić i wspiera Cię w Twoich największych radościach i sukcesach. Wszystko, co musisz zrobić, to współpracować z nim poprzez bycie otwartym i otrzymywać możliwości, wkład i wsparcie od wszystkich ludzi, którzy *pragną* Ci je podarować.

I jest to tak proste jak prośba.

Kiedy będziesz gotowy na to, aby poprosić – i otrzymać – odkryjesz, że wiele więcej jest dostępne dla Ciebie w kreowaniu Twojego życia.

Co mógłbyś wykreować, kiedy współpracujesz ze Wszechświatem?

4. Kreuj swoje życie (*Create Your Life*)

Możesz zaprosić Wszechświat do współpracy poprzez zadawanie poniższych pytań:

1. *Co jest dla mnie zabawą?*
2. *Co mnie rozpromienia?*
3. *Jak mogłoby zmienić się moje życie, gdybym kreował je dla siebie?*
4. *Co mógłbym wybrać dla siebie, kiedy nie koncentruję się na stawianiu innych ludzi na pierwszym miejscu?*

Kiedy łączysz się z tym, czego pragniesz i pozwalasz, aby stało się to Twoim największym priorytetem, kreujesz inspirujące i ekspansywne życie dla siebie.

Stajesz się wówczas twórcą zamiast niszczycielem swojego życia.

I naprawdę, jak może być jeszcze lepiej?

ENERGIA KREATYWNOŚCI

Cztery powyższe elementy wydostaną Cię z klatki i przekroczysz most do radykalnej żywotności, krok po kroku, wybór po wyborze tak, że zamiast niszczyć swoje życie zaczniesz je kreować.

Zacznij od wyboru podważenia klatki – zobacz, że jest zrobiona z kłamstw i ograniczeń, które nie są dla Ciebie prawdą. Musisz być gotowy odpuścić stare wzorce „Nie mogę", „Nie wiem co robić" i „Coś jest ze mną nie tak".

Kiedy zaczniesz podważać klatkę oraz to, co jeszcze jest możliwe, zaczniesz z niej wychodzić i przechodzić przez most do innych możliwości. Pragnienie tego, co jest poza klatką nadużycia stanie się paliwem niosącym Cię do przodu.

Co teraz pragnie zostać wykreowane? Wybierz to! Bądź przestrzenią możliwości.

W następnym rozdziale dowiesz się o unikalnym rodzaju energii, jaka jest dostępna dla Ciebie do tworzenia życia, jakie wybierasz.

ROZDZIAŁ 3
TWORZĄC ŻYCIE ŁĄCZĄCE WSZYSTKO

"...Świat jest pełen wspaniałych rzeczy, jakich dotąd nie widziałeś. Nigdy nie rezygnuj z szansy ich zobaczenia."

— JK ROWLING (POST NA TWITTERZE)

Jako praktykujący uzdrowiciel, bawię się w królestwie świadomości, pomagając ludziom przetransformować ich życie, aby mogli żyć radykalną żywotnością. Wielu z moich klientów doświadczyło w przeszłości różnych form nadużycia, dlatego ta transformacja czasami jest spektakularna i widowiskowa.

Jeśli istnieje jakiś „sekret" ich sukcesu w dokonaniu tego skoku, powiedziałabym, że jest to odkrycie i uznanie możliwości stopniowego wkroczenia w energię *Mam to! Bez względu na wszystko.*

Kiedy wybierzesz tę przestrzeń, zaczniesz czuć namacalną ekspansję, jak kulę energii wewnątrz gigantycznego flipera, pędzącą w przestrzeni, przekraczającą wszystko to, co nie działa, aż do momentu, gdy trafi dokładnie tam, gdzie zamierzała dotrzeć.

Ta właśnie energia *Mam to!* rodzi pomysł, że – nieważne, przez co przeszedłeś, nieważne, jaka jest Twoja historia, nieważne, jakie było nadużycie, trauma, tragedia w Twojej rodzinie czy nieudana relacja, pieniądze jakich nie masz albo jakie straciłeś lub w jaki konflikt się wdałeś – nie zatrzymasz się, dopóki nie będziesz mieć tego, czego pragniesz.

Metaforycznie: jak kula w fliperze odbijasz się od jednej strony maszyny do drugiej, dwa kroki do przodu, jeden do tyłu, niczym kula armatnia wciąż gniesz do życia ze świadomością, że nieważne co to jest, czego nie możesz przejść – jeśli to nie działa dla Ciebie, to nie zaprzestaniesz dopóty, dopóki to się nie zmieni.

Mam to! Bez względu na wszystko.

Na początku to może wydawać się trochę trudne. Przychodzi mi do głowy powiedzenie "Pracuj ciężko, graj ostro" i nie jest to dokładnie to, o co mi chodzi – ponieważ energia *Mam to!* łatwo przychodzi – zawiera w sobie tę nieustępliwość świadomości, aby iść do przodu bez względu na blokady, jakie próbują Cię odtrącić lub zatrzymać. W efekcie mówisz „Ok, to nie zadziałało. Wybór kreuje świadomość. *Mam to! Bez względu na wszystko.* Zatem jaki jest następny krok?"

I idziesz po to.

JAK DALEKO MOŻESZ PÓJŚĆ?

Przykładowo, jedna z moich klientek słyszała podszepty świadomości, aby mieć dziecko, a w tym samym czasie jej dziesięcioletnie małżeństwo właśnie się rozpadało. Ona zawsze chciała mieć dziecko, którego z wielu powodów nie miała i wciąż ją to dręczyło.

W czasie sesji, kiedy pracowała ze mną nad wybieraniem i wsłuchaniem się w podszepty świadomości, wszystko zaczęło się raptownie zmieniać. Była zdeterminowana, aby mieć dziecko, bez względu na wszystko i zaczęła podejmować kluczowe decyzje niezbędne, aby stworzyć życie, jakiego pragnie, łącznie z rozwodem oraz samodzielnym macierzyństwem. Na początku napotykała blokadę za blokadą, a lekarze od płodności nie chcieli mieć z tym nic wspólnego, ponieważ proces rozwodowy tylko zaciemniał obraz sytuacji. Potem, kiedy była już w ciąży, doświadczyła w pracy dyskryminacji samotnej matki, mimo tego, że była cenionym pracownikiem z prestiżową pozycją.

Ale im bardziej rozpadało się jej życie, tym bardziej pragnęła przejść przez ten proces i oczyścić swoją świadomość.

W rezultacie, powiedziała: „Będę miała to dziecko. Czuję energię tej duszy przy mnie i nie zamierzam z tego zrezygnować. Moim wyborem jest stworzenie tego, czego potrzebuję, aby to pojawiło się w moim życiu i działało dla mnie?"

W tej sytuacji posłuchała podszeptów świadomości tej duszy i znalazła sposób na zajście w ciążę, podchodząc do tego pragmatycznie. Postanowiła wybrać narzędzia uzdrawiania energetycznego i energię *Mam to!* i „wybieram to bez względu na wszystko".

ROZKAZ I ŻĄDANIE

Bez względu na to, co nie działa, w jakiś sposób znajdzie się jakieś rozwiązanie. Nawet, jeśli będzie to otwór maleńki jak dziurka od klucza i trzeba będzie się przez niego przecisnąć, aby przejść dalej. Nie będzie to wymagało od Ciebie naginania się, kurczenia ani wyciśnięcia się z siebie, aby tego dokonać.

Zamiast tego „wyciśniesz się" ze ślubowań, paktów, traktatów, umów i zobowiązań, jakie genetycznie, pochodzeniowo, przez systemy wierzeń i fizyczną rzeczywistość mówiły Ci: „Nie możesz mieć wszystkiego. Nie wolno Ci mówić, czego naprawdę pragniesz. Nie możesz kreować własnego życia, jakiego prawdziwie pragniesz".

Kiedy przekroczysz linię i wejdziesz w tę energię, może to przerazić niektórych ludzi z Twojego otoczenia. Mogą nie rozróżniać „żądania dla siebie" od „bycia wymagającym", szczególnie jeśli dorastali w środowisku nadużyć albo mieli „wymagających" rodziców lub opiekunów i zwyczajnie nie rozumieją różnicy. Zażądanie to stan pełen mocy *Mam to!*, a „bycie wymagającym" może wywołać skojarzenia z przemocą. Nie mogłyby się bardziej różnić.

Niestety, kiedy przychodzi co do czego, większość ludzi tak naprawdę nie wierzy, że mogą rozkazać i żądać w swoim życiu, aby kreować je z łatwością, jaka naprawdę jest możliwa. Dlatego przeżywają swoje życie jako „grę w czekanie". Czekają na kogoś innego, kto przyjdzie i wszystko zmieni, kogoś, kto wykreuje dla nich sukces tak, że tylko w niego wskoczą i już będą kimś.

Trzymając się kogoś „jak rzep psiego ogona", stają się pasożytniczą, wysysającą energią zamiast energią generatywną, kreatywną dla samych siebie, dla ich biznesu i dla ich relacji. To jest dokładne przeciwieństwo *Mam to!* To bardziej jak: „Oni to mają, więc zobaczę, co ja mogę z tego mieć!"

Oczywiście nie ma to nic wspólnego z dalszą zmianą życia ani byciem zmianą we współpracy z innymi i z ziemią.

Tacy ludzie żyją w ciągłym stanie niezadowolenia, nudy, w zawieszeniu, czekając na to „coś", co to zmieni. Oczywiście, że pragną czegoś więcej i wciąż o tym mówią, ale nigdy nie zbliżają się nawet do bycia generatywnymi i kreatywnymi. Ich myśli kręcą się w kółko, jak pies uganiający się za swoim ogonem:

„Dlaczego to przydarza się właśnie mnie? Ze wszystkim się zmagam. Nic mi nigdy nie wychodzi, nieważne jak bardzo się staram. Dlaczego wszystko jest takie trudne? Jak to możliwe, że innym to wychodzi, tylko nie mnie?"

Ich życie ogranicza się do bardzo małego obszaru, jaki opisałam wcześniej, jakby była to narzucona przez nich samych na siebie energetyczna „klatka" trzymająca ich w zamknięciu.

Zatem jak wygląda podejście rozkazania i żądania w rożnych sytuacjach? W pracy zamiast być biernym powinieneś przyjąć proaktywną postawę do życia. Bardziej proaktywne podejście łączy się z formułowaniem żądań odnośnie rozwoju swojej kariery, stawianie konkretnych celów oraz aktywne tworzenie możliwości. Chodzi o mówienie „Chcę dążyć tą ścieżką kariery i sprawię, że tak się stanie."

Takie wzmacniające nastawienie może doprowadzić do bardziej zadowalającego życia zawodowego. W kontekście biznesowym chodzi o bycie generatywną i kreatywną siłą w czyimś przedsięwzięciu, aktywnie kształtując jego ścieżkę i sukces. Musisz zrozumieć różnicę pomiędzy współtworzeniem prosperującego biznesu, a ledwo korzystać z czyiś wysiłków.

Jednak bądź ostrożny co do relacji. Ważne jest zrozumieć różnicę pomiędzy zaspokajaniem swoich potrzeb a byciem apodyktycznym. Nie chodzi o zdominowanie innych, lecz o jasnym wyrażeniu swoich pragnień i oczekiwań w związku. Zdrowa i otwarta komunikacja może doprowadzić do bardziej udanych związków. I odwrotnie bierne podejście w relacjach często kończy się niezaspokojonymi potrzebami i niewyrażonymi pragnieniami, co prowadzi do frustracji i niezadowolenia.

Jeśli chodzi o stawianie czoła wyzwaniom, wybór podejścia rozkazywania i zadania oznacza patrzenie na wyzwania jak na okazje do rozwoju i do aktywnego szukania rozwiązań. Chodzi o niepoddawanie się w obliczu przeciwności i o uświadomienie sobie, że zmiana może być stworzona dzięki chęci i wysiłku.

WYZWOLENIE SIEBIE

Klatka nadużycia składa się z czterech "filarów", które nazywam „4D". Mówię o nich szerzej w rozdziale szóstym, na ten moment przydatne będzie wiedzieć, czym one są:

- Dysocjacja (*Dissociation*)
- Zaprzeczanie i wyparcie (*Denial*)
- Obrona (*Defense*)
- Odłączenie (*Disconnection*)

W mojej pracy pomagam ludziom zidentyfikować tę niewidzialną klatkę po to, by nie tylko mogli wyzwolić się i wyjść na wolność, ale również przejść przez „most" do Radykalnej Żywotności i energii *Mam to! Bez względu na wszystko.*

Jak pamiętasz z poprzedniego rozdziału, Radykalna Żywotność również ma cztery komponenty – „4C":

- Wybierasz dla siebie (*Choosing for you*)
- Opowiadasz się za sobą (*Committing to you*)
- Współpracujesz z Wszechświatem wiedząc, że Cię wspiera i błogosławi (*Collaborating and knowing that the universe is conspiring to bless you*)
- Kreujesz życie, jakiego prawdziwie pragniesz (*Creating the life you desire*)

Kiedy czekasz, nie wybierasz. Pozostawiasz otwarte tylne drzwi i nie kreujesz nic poza traumą i dramatem, jak w przykładzie flipera. To jest destrukcja i odbieranie sobie mocy – właśnie to trzyma Cię w zamknięciu w niewidzialnej klatce nadużycia.

CHODZI O WIELKĄ ENERGIĘ

W *Mam to!* chodzi o wielką energię – albo pronoję [*z greckiego* pronoia to dobrobyt].

W książce pod tytułem *Pronoja jest antidotum na Paranoję, wydanie skorygowane i rozszerzone: Jak cały Świat Współpracuje, aby Obsypywać Cię Błogosławieństwami* [tytuł oryginału: *Pronoia Is the Antidote for Paranoia, Revised and Expanded: How the Whole World Is Conspiring to Shower You with Blessing*],

Rob Brezsny opisuje tą wielką energię jako „antidotum na paranoję. [Pronoja] jest rozumieniem, że wszechświat jest z natury przyjazny. Jest to sposób treningu zmysłów i intelektu poprzez dostrzeganie faktu, że życie zawsze daje Ci dokładnie to, czego pragniesz, dokładnie wtedy, kiedy tego zażądasz."

Możesz wybrać bycie intensywnością, jakiej nic nie jest w stanie zatrzymać, bez względu na wszystko. Tak, na początku możesz przez chwilę kręcić się lub odbijać tam i z powrotem w tym fliperze, ale z czasem staniesz się czarodziejem flipera – skoncentrowanym, bezpośrednim, żądającym i z rozkoszą wybierającym to, czego pragnie. I na początku częściej niż rzadziej, wszystko może się rozpadać (i prawdopodobnie na początku będziesz z tym walczyć), ale błagam Cię, przyjmij to jako znak, że wszystko działa jak należy, a Wszechświat współpracuje i błogosławi Ci. Ten rozpad to naturalna i istotna część procesu tworzenia.

OSOBISTY PRZYKŁAD

Ostatnio przygotowywałam się do sześciotygodniowego wyjazdu i nagle, zupełnie znikąd, pojawiły się niespodziewane wydatki. Moją natychmiastową reakcją było: „Och, nie mogę teraz wyjechać, muszę to wszystko załatwić. Muszę pracować więcej i spłacić to wszystko – to jest pragmatyczne podejście. Nie powinnam teraz wsiadać do samolotu i lecieć gdzieś zająć się sobą albo facylitować innych. Jak mogę tam polecieć, kiedy tu są sprawy do załatwienia?"

To całkiem jasne, że był to głos „nie mam tego", mówiący: "Widzisz? Mówiłem Ci... nie możesz tego mieć." Zabawne, jak często, kiedy ruszamy do przodu, tworzymy na naszej drodze traumy z pojawiających się przed nami rzeczy, które nie pozwalają nam być czarodziejem, magicznym twórcą, jakim prawdziwie jesteśmy.

Jakby tego było jeszcze mało, w tym samym czasie waliło się na froncie „związkowym", kiedy moja „miła połówka" opuściła nasz związek i jednostronnie zakończyła „nas". Prawdopodobnie wybrałabym inaczej i powiedziałabym: „Hej, co możemy razem zrobić?", zdając sobie całkowicie sprawę z tego, że czasami nie możesz zrobić tego razem – musisz to zrobić sam.

Zatem, co możesz zrobić, kiedy ktoś dokonuje wyboru i nie jest to Twój wybór? Ty też wybierasz. To jest właśnie wybór: *Mam to! Bez względu na wszystko.*

Zatem wybrałam wyjechać na te sześć tygodni, wybrałam kompletnie odpuścić tę relację, wybrałam siebie i wybrałam wiedzieć, że Wszechświat współpracuje i błogosławi mi, a wszystko, co dzieje się na froncie finansowym, wygeneruje nowe możliwości z łatwością i bez wysiłku.

I oto niesamowite wiedzenie, które przychodzi w momencie, gdy słucha się tych podszeptów świadomości i wybiera się siebie z wszelkimi błogosławieństwami Wszechświata: wszystko potoczyło się o wiele lepiej, niż byłam sobie w stanie wyobrazić. Tak, na tej drodze były wyboje, jednak do tej pory nic mniejszego niż rozprzestrzenianie się nie dołączyło do mnie w tej podróży. Na zawsze się zmieniłam i opowiedziałam za sobą.

MAM TO! WYBIERAM TO! WYBIERAM SIEBIE!

W tej energii jest gotowość na odpuszczenie wszystkiego. Musisz być gotowy stracić wszystko, żeby mieć wszystko. I w tej chwili może się to wydawać czymś złym, ale jeśli przyjrzysz się temu bliżej, okaże się, że większości z tych rzeczy i tak nie chciałeś, bo na jakimś poziomie nie wspierały Ciebie w pełni.

Powiedzmy sobie szczerze...

Jeśli chcesz czegoś na "10", prawdopodobnie będziesz musiał odpuścić wszystko, czego się trzymasz, a co jest na "9", mimo tego, że na początku puszczenie formy i struktury może wydawać się najtrudniejszą częścią. Osobiście nie miałam problemów z odpuszczeniem lub zmianą tego, o czym mówiłam w powyższym przykładzie.

Trudnością, w jakiej utknęłam, było „przekonanie", że musi to wyglądać w określony sposób, aby dopasować się do tej rzeczywistości – do czasu, kiedy poczułam ducha zmiany i dokonałam wyboru i dokonywałam kolejnych wyborów dla siebie i utrzymywałam zażądanie *Mam to! Bez względu na wszystko* radykalnie żywe. Nieważne, kogo stracę, co stracę, kto opuści moje życie, czyje życie opuszczę ja, nigdy nie zrezygnuję z siebie.

Jeśli zwrócisz na to uwagę, kiedy życie rozpada się na kawałki w taki właśnie sposób, możesz poczuć i spostrzec energię zmiany – bardzo często jest to rzeczywista zmiana, o jaką prosiłeś od jakiegoś czasu. Ja tak to poczułam, patrząc jak na moich oczach całe moje życie rozpada się w drobny mak, rozpuszczając się i odżywiając ziemię. Ale nawet z całą tą lepkością i zaciśnięciem emocjonalnym, wiedziałam, że nie ma takiej rzeczy, która pozbawi mnie energii *Mam to!*

Odkryłam, że w takich sytuacjach najlepszą rzeczą jaką mogę zrobić, to zrobić coś całkiem odwrotnego – zabawić się z tym, zabawić się z energią i przejść przez otwór w fliperze do wszystkiego, co jest lekkie i ekspansyjne. Często poddajemy się na moment przed tym, jak pojawia się magia.

Bo, sprawa wygląda tak...

Co, jeśli w rzeczywistości wszystko łączy się w całość?

Energia *Mam to!* może pozornie wyglądać jak rozpad wszystkiego, a co, jeśli tak naprawdę łączy wszystko w całość?

Oczywiście to jest właśnie ten moment, w którym mógłbyś dokonać tego pragmatycznego wyboru i zrezygnować z tego, czego naprawdę żądasz i pragniesz. Albo możesz powiedzieć „Nie, będę to tworzyć, będę to robić, wybieram to, współpracuję ze Wszechświatem, wybieram siebie i opowiadam się za sobą i za kreowaniem swojego życia łączącego wszystko w całość."

Musisz wiedzieć, że Wszechświat Ci błogosławi, kiedy żądasz dla siebie, nawet jeśli rzeczy zaczynają wyglądać inaczej. Popatrz na naturę, a zobaczysz, że jest to naturalny porządek rzeczy. Co dzieje się po pożarze lasu? Życie odradza się i wzrasta na nowo.

W kreatywności zawsze pojawia się przełomowy moment. Moment, w którym wkraczasz w ekspansywną przestrzeń wyboru i tworzenia.

Podobnie jak w chińskiej sztuce Feng Shui nieustannie i świadomie przemieszczasz rzeczy i przeorganizowujesz je, tworząc bardziej harmonijne i prosperujące otoczenie. Energia *Mam to!* jest ruchem molekuł wewnątrz Ciebie wcielającym w życie żądanie radykalnej żywotności ponad wszystkim na co do tej pory pozwoliłeś.

WSZYSTKO JEST WYBOREM – TWOIM WYBOREM

Bycie generatywną siłą, energią *Mam to!*, jest przeciwieństwem czekania. Wymówką jest czekanie, aby rzeczy „rozwinęły się", czekanie na „znak" albo czekanie na to, by cokolwiek stało się "oczywiste". Stawiasz siebie w pozycji potencjalnego czekania przez bardzo długi czas.

Pytam ludzi „Czy nie czekasz już wystarczająco długo na kogoś, kto będzie żądaniem w Twoim życiu? Co, jeśli energią, na którą wciąż czekasz, jesteś ty sam?"

Czy zdajesz sobie sprawę, że możesz być żądaniem dla siebie, nawet będąc z innymi? To właśnie wykreowałam w moim zespole Żyj Swoim ROAR LLC. Każdy z nas jest katalizatorem wyjścia ponad przemoc i życia radykalną żywotnością. Nikt nie trzyma się mnie jak rzep psiego ogona. Wszyscy zadajemy pytania temu biznesowi, jaki pragnie być i jak chce się rozwijać, a następnie kreujemy to. Żyjemy w żądaniu, a Wszechświat błogosławi nam w naszych prośbach.

Jeśli jesteś osobą, która ma energię *Mam to! Bez względu na wszystko*, wówczas przebywanie wśród "czekających" może okazać się nie lada wyzwaniem. Powiedzmy na przykład, że jesteś właścicielem małego biznesu i masz pracownika, który ma problem z otrzymywaniem pieniędzy. Oczywiście, prawdopodobnie nie zdawałeś sobie z tego sprawy zatrudniając go i czyniąc go odpowiedzialnym za pieniądze. Potem, kiedy pytasz go o stan płatności, zauważasz, że używa wymówek i mówi coś w rodzaju „Tak, rozmawiałem z klientem i powiedział, że zapłaci", nawet jeśli bank poinformował Cię, że płatność została odrzucona. Kręcisz się w kółko, a sytuacja ciągle się powtarza.

Dzieje się tak dlatego, że on odmawia otrzymywania pieniędzy dla siebie i podświadomie blokuje otrzymywanie pieniędzy również przez biznes. W efekcie tworzy to grę w czekanie na otrzymanie pieniędzy i może zniszczyć zarówno biznes jak i relacje.

Jeśli chodzi o pieniądze, otrzymywanie i gromadzenie ich wymaga osobistej mocy wyboru tego, czego pragniesz ponad wszystko co masz. Innymi słowy, wymaga to energii *Mam to! Bez względu na wszystko.*

W byciu generatywną energią *Mam to!* nie ma zakazów, idziesz naprzód i kreujesz temu przestrzeń. Niezależnie od tego, gdzie jesteś i gdzie chcesz być, proces kreowania jest zawsze taki sam i możesz przyjąć, że kiedy zbliżysz się wystarczająco, aby tego posmakować, zacznie się robić gorąco, intensywnie lub wszystko zacznie się rozpadać na kawałki.

To jest dokładnie ten moment, kiedy musisz odpuścić i z pełną mocą wkroczyć w energię *Mam to!*, co pozwoli wszystkiemu dopasować się i połączyć ze Wszechświatem i Twoim wyborem. To sprawia, że chodzi tu o Ciebie i Twoją gotowość pozwolenia ogromowi obecnej tutaj rzeczywistości współpracować z Tobą i błogosławić Tobie.

Jednakże... jest tutaj "haczyk".

Twoja gotowość na przyzwolenie na całe to wsparcie zadziała pod warunkiem, że masz umiejętność, aby je otrzymać, a odkryłam, że to jest ten moment, gdzie ludzie doświadczeni przez przemoc często popadają w tarapaty.

Szczerze mówiąc, nie robią tego wszystkiego tak dobrze.

Zatem przejdźmy dalej i zobaczmy co jest potrzebne, aby stać się otwartym na otrzymywanie.

ROZDZIAŁ 4
ŻYCZLIWOŚĆ… WIELKA RZEKA PŁYNĄCA W TOBIE

Nieustająca życzliwość ma ogromną moc. Tak jak słońce roztapia lód, życzliwość sprawia, że nieporozumienia, nieufność i wrogość ulatniają się.

— *ALBERT SCHWEITZER*

Urodziłeś się, aby być życzliwym – nie zmyślam tego.

Zgodnie z wywiadem *Scientific American* pod tytułem "Nie zwyciężą najlepsi: liczy się życzliwość", życzliwość jest na stałe zakodowana w naszym mózgu.

Nie każdy ma to w "ustawieniach fabrycznych", to jest raczej wewnętrzny dar.

Moim zamierzeniem w tym rozdziale jest rzucić światło na życzliwość w taki sposób, w jaki może jeszcze o niej nie myślałeś, bo jest ona czymś znacznie więcej niż dobrym pomysłem, albo czymś co robisz „będąc miłym".

W rzeczywistości jest to siła i moc, jak elegancko określił to Albert Schweitzer: „powodująca, że nieporozumienia, nieufność i wrogość ulatniają się".

A jeśli miałeś w swoim życiu – teraz lub w przeszłości – jakąkolwiek formę przemocy, z pewnością będziesz chciał wiedzieć więcej o tym wewnętrznym przyjacielu.

Osobiście, nie angażowałam się w tę przyjaźń zanim nie skończyłam dwudziestego roku życia – to moja profesor od Przemocy Rodzinnej podchodząc do mnie i pytając, czy wszystko u mnie w porządku pokazała mi, czym jest życzliwość. Zauważyła język mowy mojego ciała, który ukształtował się przez ponad dwadzieścia lat nadużyć, traumy i *osądu*, z jakim dorastałam. Moje ramiona były zgarbione i prawie zakrywały uszy, próbując chronić siebie przed ciosami fizycznymi, słownymi i energetycznymi.

Miałam również inne zachowania jednoznacznie wskazujące na nadużycie seksualne, jakiego doświadczyłam jako dziecko-modelka. Z pewnością były one oczywiste dla wprawnego oka. Wzorce przemocy były obecne na wielu poziomach – nie tylko w sposobie w jaki chodziłam i się zachowywałam, ale również w tym jak komunikowałam się z innymi i z sobą samą.

Dzisiaj określam to mianem "somatyki traumy", to te wszystkie sposoby, w jakie trauma utrwala się w naszej fizycznej i psychicznej konstrukcji, zintegrowana i zamknięta w pamięci komórkowej i strukturze molekularnej.

Brzmi ciężko, prawda? Jak twierdza nie do zdobycia.

Dobra wiadomość jest taka, że życzliwość jest jak maszyna oblężnicza, która niszczy wszystkie te mury.

. . .

FORTECA OSĄDÓW

Z osądem jest tak...

Jest on obecny od bardzo dawna – od setek tysięcy lat. Ludzie doprowadzili go do perfekcji jako „umiejętność". Ale nie to jest w tym wszystkim najgorsze.

Osąd jest wpleciony w strukturę naszego DNA. Dziedziczymy go ze zbiorowej świadomości, przychodząc na świat, po linii przodków, którzy go mieli i nam go przekazali. Dzieje się tak do czasu, aż ktoś przerwie ten cykl. Są to tak zwane „grzechy naszych przodków".

Jakby to było przerwać ten cykl?

Doskonałe pytanie...

Jednak zanim do tego przejdziemy, zobaczmy, jak utrwala się osąd w Twoim życiu, *jeśli tego nie zrobisz.*

- Osąd utrzymuje Cię w kłamstwie i zamyka w niewidzialnej klatce nadużycia, co z kolei oddziela Cię od samego siebie, od innych, od życia i, rzecz jasna, od tworzenia życia jakie prawdziwie pragniesz mieć.
- Osąd to rodzaj zacisku i ograniczenia, narzędziem autodestrukcji i powszechną formę *samo-nadużycia.* Jest to odwrotność ekspansji, utrzymuje Cię w przekonaniu, że jesteś mały, zmagasz się ze wszystkim, że jesteś bezsilną ofiarą, uzbrojoną i odrętwiałą. W rezultacie przestajesz generować i kreować ponad klatką; zamiast tego utrwalasz niepewnego i słabego siebie, nieustannie odtwarzając cykl nadużycia.
- Kiedy osądzasz siebie, stajesz się swoim własnym strażnikiem więziennym, zamykasz sam siebie we

własnej niepoprawności. Osąd sprawia, że wciąż powracasz do komfortu tego, co Ci znane (jak "zły" jesteś) i gwarantuje, że nigdy nie będziesz musiał być kimś więcej niż tym, kim jesteś w tej chwili. To tylko konsoliduje niewidzialną klatkę nadużycia.

- Kiedy osądzasz innych, dysocjujesz, zaprzeczasz, bronisz i odłączasz się od tego, czego nie chcesz zobaczyć w samym sobie. Nazwałam to „4D" (dysocjacja – *Dissociation*; zaprzeczanie i wyparcie – *Denial*; obrona – *Defense*; odłączenie – *Disconnection*). Ten mechanizm sprawia, że izolujesz się i separujesz od siebie, co jest odwrotnością jedności i przynależenia.

- Osąd jest czymś, co nazywam "wymuszonym otrzymywaniem" dlatego, że w istocie zmuszasz się do zaakceptowania *osądów* innych ludzi, w szczególności, jeśli byłeś nadużywany i musiałeś otrzymać coś, czego nie chciałeś – tam właśnie zostałeś zmuszony, aby otrzymać. W rezultacie wykształciłeś ostre jak strzały kolce i stałeś się jeżem, który odepchnie każdego, kto spróbuje zbliżyć się za bardzo.

Osądy są oporem przed rzeczywistością, których używamy, aby chronić siebie. Wiele z nich wyuczyliśmy się jako dzieci, słysząc lub widząc je, albo zdecydowaliśmy o nich w reakcji na to, co się nam przydarzyło.

Te dawno podjęte decyzje przerodziły się w nawyki myślowe, soczewki, przez które patrzymy na świat w trybie autopilota na całe dalsze życie.

Problem w tym, że używając ich stale w codziennym życiu, odcinamy się od wszystkich innych możliwości jakie możemy mieć, jakie możemy tworzyć, czy jakimi możemy być.

I w końcu – na oczyszczaniu i transformowaniu osądów stojących na drodze do wolnego i pełnego radości życia – spędziłam większość mojej kariery i praktyki uzdrowiciela.

I mam dla tego nazwę. Nazwałam to życiem swoim ROAR – Radykalnie, Orgazmicznie Żywą Rzeczywistością. Co Ty na to?

JESTEŚ WSZYSTKIMI MOŻLIWOŚCIAMI

Twoją prawdziwą naturą jest nieograniczona kreatywność, obfitość i ekspansja.

Kiedy siedzisz za biurkiem w kąciku, możesz nie odczuwać tego w taki sposób, najlepszą metodą, jaką znam, aby prawdziwie uznać i rozwinąć swoją świadomość jest przebywanie więcej w naturze.

Wtedy nawet nie musisz nic robić...

To przyjdzie do Ciebie intuicyjnie.

Jednym z powodów, dla których przebywanie w naturze jest tak potężne, jest fakt, że Ziemia jest jedynym miejscem, gdzie osąd nie może istnieć. To jest miejsce, do którego możesz powracać po wielokroć, aby uwalniać wszystkie swoje osądy i poczuć pokój i możliwości ekspansji. Życzliwością jest również oddawanie swoich osądów do Ziemi.

Poprzez oddanie osądów do Ziemi, dosłownie stają się one nawozem i użyźniają nowe możliwości dla Ciebie i wszystkich innych.

Co jeszcze jest możliwe?

Jeszcze jedna rzecz, kiedy już raz wyzwolisz się z klatki nadużycia, która utrzymuje Cię w roli „ofiary", cały świat staje przed Tobą otworem. Właśnie tam, na szerokiej otwartej przestrzeni, zdajesz sobie sprawę, że masz inne wybory jak żyć i jak układać relację z samym sobą i innymi.

Na przykład, w moim przypadku, kiedy odkryłam, kim prawdziwie jestem, ponad tą zamkniętą w sobie, żałosną i niszczącą siebie dziewczyną, nauczyłam się, że jestem życzliwa, genialna, wspaniała i zabawna.

Kto i co czeka, abyś wreszcie go zobaczył?

Wraz z praktyką nowych wyborów, zaczniesz wzrastać i staniesz się bardziej pewny siebie. Stare wzorce przemocy nie będą miały już dłużej nad Tobą władzy. Już teraz masz moc przejścia ponad nadużycie i moc, aby wybrać nowe życie dla siebie samego.

Już nie kreujesz życia poprzez niszczenie, a przez wybór. Wiem, że może się to wydawać trudnym zadaniem, ponieważ, mówię całkiem szczerze, możesz być bardziej zaangażowany w historię ofiary niż możliwości życia ponad tym. Widzę to za każdym razem, kiedy ludzie przychodzą do mnie po raz pierwszy. Możesz czuć się jak ofiara okoliczności, tak samo jak ja się nią czułam przez bardzo długi czas, jakbyś nie mógł nic zrobić, aby to zmienić.

Ale to jest kłamstwo...

Jakie to jasne i proste.

GENERATYWNA ENERGIA ŻYCZLIWOŚCI

Dla dzieci, które doświadczyły przemocy wiara w to, że są złe i coś z nimi jest „nie tak" jest czymś normalnym, ale dzięki rozmowie z moją profesor od Przemocy Rodzinnej i z jej pomocą zdałam sobie sprawę, że nie jestem bezwartościowa.

Ta profesor była pierwszą osobą w moim życiu, która zapytała mnie, czy wszystko u mnie w porządku. Był to pojedynczy akt życzliwości, który zalał mnie świadomością, jak bardzo u mnie jest *nie* w porządku. Z jej pomocą zaczęłam dostrzegać, że mogę poradzić sobie z przeszłym nadużyciem – mogę wyjść ponad przetrwanie, a pewnego dnia nawet ponad rozkwit.

Jakby dała mi tajemny klucz do zamka w klatce mojego własnego nadużycia.

Zaczęłam dostrzegać u siebie przemocowe, destrukcyjne wzorce, utrwalane poprzez lekkomyślne zachowania i zobowiązałam się wybrać inaczej. Nie zrobiłam tego sama, tylko dzięki profesjonalnemu wsparciu, w czasie poufnych osobistych rozmów, podczas których nareszcie byłam w stanie odpuścić historię ofiary, którą żyłam przez nieco trzy dekady.

Kiedy to odpuściłam, klatka również zaczęła się rozpadać. Powoli zaczęłam zdawać sobie sprawę, że nie potrzebuję już dłużej chroniących mnie barier i ścian, że mam teraz nowe możliwości wyboru tego, jak będę żyła i jaką relację tworzyła ze sobą i innymi.

A wszystko to zaczęło się od pojedynczego aktu życzliwości, który w istocie spowodował, że „nieporozumienia, nieufność i wrogość ulotniły się".

Rzecz jasna, nie każdy moment życzliwości spowoduje taki efekt. Życzliwość ma wiele twarzy. Od prostej rzeczy – jak uśmiech – który nie trwa dłużej niż sekundę, po szeroką propozycję pomocy. To może być coś zwykłego, pojawiającego się znikąd albo po prostu odpowiedź na czyjeś potrzeby.

Prawdopodobnie jest to dla Ciebie bardziej naturalne niż inne podejścia, ponieważ, tak jak powiedziałam na początku, życzliwość *jest już w Tobie*.

Nie musisz szukać daleko, aby ją znaleźć, chociaż do momentu, kiedy jesteś zamknięty w swoich osądach, może Ci się wydawać, że dostęp do życzliwości jest wręcz niemożliwy. Zatem, jeśli ciężko Ci jest być życzliwym, zacznij szukać osądów, które leżą u podstaw tej trudności i zaciemniają obraz.

Jednym ze sposobów, aby to zrobić jest zadawanie pytań, takich jak te:

- *„Czy osądzam, czy jestem życzliwy?" – niezależnie czy chodzi o związek z pieniędzmi, relację, Twoje ciało czy coś innego.*
- *"Czy odczuwam tu ekspansję czy ograniczenia?"*
- *"Czy to jest lekkie czy ciężkie?"*

Przez opowiedzenie się za sobą i otrzymywanie życzliwości dla siebie – od siebie oraz od innych – może otworzyć się dla Ciebie nowa przestrzeń energii i świadomości – miejsce otrzymywania jednocześnie wibrującego, żywego, pełnego potencjału, soczystego i całkowicie *przepysznego siebie.*

Życzliwość wywołuje szczytową witalność i wymaga jedynie czterech rzeczy, które nazwałam „4E":

1. *Uznaj,* co jest Twoją prawdą (**E**mbrace what's true for you)
2. *Rozpoznaj,* na co właściwie patrzysz (**E**xamine what you are actually looking at)
3. *Rozprzestrzeń się* do nowych możliwości, świadomości i życzliwości (**E**xpand into a new possibility, awareness, and kindness)
4. *Wciel* zmianę i prawdę siebie w życie (**E**mbody the change and the truth of you)

W bardzo dosłownym znaczeniu, nauka życzliwości jest jak nauka nowego języka. W moim przypadku, nie był to język, jaki bym wcześniej znała. Nie był to mój język „ojczysty", słyszany i używany w domu. I zajęło mi to trochę czasu, aby zacząć go praktykować i płynnie używać.

Życzliwość, tak samo jak język, to kreatywna, generatywna energia – dokładnie ta, której potrzebujesz do tworzenia nowego życia pełnego energii i ekspansji.

Piękną rzeczą jest to, że przez odpuszczenie osądów oraz wykorzystanie mocy życzliwości i delikatności możesz rozpuścić całą nieżyczliwość, jakiej doświadczyłeś i odpuścić potrzebę chronienia się.

Możesz nareszcie zrzucić zbroję i otworzyć się na otrzymywanie hojności życia – prawdziwego daru, jakim jesteś dla siebie i dla całego świata. W tym miejscu bez barier, odkryjesz bardziej miękkie, delikatne miejsce... jednocześnie święte i bezpieczne.

To właśnie tam energia otrzymywania płynie swobodnie z łatwością, jak wspaniała rzeka.

Wszystko, co musisz zrobić, to dokonać wyboru, wejść w nią i pozwolić, aby Cię prowadziła szeroką, wspaniałą ścieżką. Wszystko to może być Twoje, gdy wybierzesz.

W następnym rozdziale porozmawiamy więcej na temat otrzymywania, a w szczególności „uwodzicielskiego otrzymywania".

ROZDZIAŁ 5

UWODZICIELSKIE OTRZYMYWANIE - STAŃ SIĘ DAREM, JAKIM PRAWDZIWIE JESTEŚ

Od tego momentu zaczęłam zdawać sobie sprawę, że to jest to, co chcę robić, to jest to, co powinnam robić: obdarowywać i otrzymywać energię z powrotem poprzez oklaski. Kocham to. To mój świat. Kocham to. Uwielbiam to. Po to żyję.

— *ERYKAH BADU*

Mam nadzieję, w tej chwili dostrzegasz już, że jesteś tu po to, aby wieść życie znacznie wspanialsze niż to, które dotychczas sobie wyobrażałeś.

Bez względu na wszystko.

Możliwe, że Twoje "coś" – podobnie jak moje – to przezwyciężyć dziesięciolecia nadużycia i żyć radykalną żywotnością. Jeśli ja mogłam wykreować życie ponad moje najśmielsze marzenia – to wiem, że Ty też tak możesz. Prawdę mówiąc: wiem, że może to zrobić każdy z moich klientów.

Bez względu na to, czy zmagałeś się z przemocą czy nie, są szanse, że jeśli czytasz tę książkę, masz w swoim życiu poczucie uwięzienia, klatki, w jakiś sposób czujesz się zamknięty i wykluczony z możliwości otrzymywania.

Dobra wiadomość jest taka, że klucz otwierający więzienie *braku otrzymywania siebie* znajduje się wewnątrz Ciebie

CZYM JEST OTRZYMYWANIE

Otrzymywanie to każde działanie jakie podejmujesz bez barier wobec kogokolwiek lub czegokolwiek. Jest to przestrzeń wrażliwości, otwartości i jedności ze wszystkim. Otrzymywanie nie ma granic ani zobowiązań. Nie jest wymuszone ani wymagane, to prosty sposób bycia przestrzenią *siebie*, w energii *siebie* i jako świadomość *siebie*!

Aby być energią, przestrzenią i świadomością siebie - wszystko, co musisz zrobić, to wyobrazić sobie, że jesteś ogromny jak Wszechświat i Ziemia. W tej wielkości jednocześnie jesteś wszystkim i niczym. Jesteś częścią wszystkiego, ponieważ istnieje molekularna komunia obejmująca świadomość ze wszystkim, dla wszystkiego oraz o wszystkim.

Ta energia „otrzymywania" daje Ci całkowitą moc, całkowity wybór, całkowitą świadomość, całkowitą siłę z bezbronności, które ma źródło w gotowości bycia największym możliwym sobą.

Jaki byłby świat, gdybyśmy wszyscy żyli jako przestrzeń takiej energii?

Niestety, energia otrzymywania na tej planecie została pogrążona w wojnach, konfliktach, nadużyciach i terrorze, co w zupełności *nie* jest energią otrzymywania. Otrzymywanie kreuje - nadużycie niszczy. Otrzymywanie generuje - wojny niszczą. Otrzymywanie powoduje komunię - konflikty prowadzą do separacji. Otrzymywanie buduje zrównoważony rozwój - terror gasi możliwość wyboru. Wybierać to otrzymywać.

Otrzymywać to wybierać ponad formę i strukturę tej rzeczywistości.

Otrzymywanie jest zatem największą bronią na przestarzały sposób bycia – poprzez bycie energią całkowitego przyzwolenia.

CZYM JEST ENERGIA OTRZYMYWANIA?

Otrzymywanie jest energią wymaganą, aby wieść życie jakiego pragniesz. Jest również energią, którą możesz blokować z powodu doświadczonej przemocy.

Skąd wiesz, że blokujesz energię otrzymywania?

- Pragniesz komunii, ale czujesz, że utknąłeś w mniej niż satysfakcjonujących relacjach.
- Pragniesz odnieść sukces zawodowy, ale masz przed sobą pustą przestrzeń i nie rozumiesz, dlaczego nie możesz zarabiać więcej.
- Marzysz o byciu wibrująco zdrowym, a wciąż zmagasz się z chronicznymi dolegliwościami.

W moim osobistym procesie zdrowienia odkryłam, że istnieje bezpośredni związek pomiędzy nadużyciem, a tendencją do blokowania otrzymywania. Na szczęście są sposoby, aby odblokować energię otrzymywania w Twoim życiu. Poniżej spisałam listę pięciu kroków, które mogą Ci w tym pomóc:

. . .

5 KROKÓW DO ODBLOKOWANIA ENERGII OTRZYMYWANIA

Krok 1: Uznaj Niewidzialnego Jeża

Jak często najeżasz się, kiedy ktoś do Ciebie podchodzi? Nazywam to „niewidzialnym jeżem". Jest to zjawisko bardzo dobrze mi znane z osobistego doświadczenia oraz pracy z tysiącami klientów, z którymi pracowałam przez ostatnie dwadzieścia lat.

Wiesz skąd się biorą te kolce? Z nadużyć z Twojej przeszłości. Kiedyś, dawno temu, świat nie był dla Ciebie bezpieczny i stworzyłeś kolce, aby w najlepszy możliwy sposób chronić siebie. Dotychczas kolce spełniały świetnie swoje zadanie; teraz są po prostu przestarzałe.

Jak wiele rzeczy nie chcesz przez nie wpuścić do swojego życia?

Wtedy miałeś nadzieję, że kolce utrzymają oprawcę z dala od Ciebie, teraz zatrzymują miłość, pieniądze, klientów i wszystko inne w „bezpiecznej odległości". Ta bezpieczna odległość blokuje otrzymywanie, ponieważ cały czas doszukujesz się, kiedy nastąpi katastrofa.

Czy nadszedł już czas na aktualizację dysku twardego? Pierwszym krokiem do odblokowania siebie i energii otrzymywania jest uznanie, że byłeś niewidzialnym jeżem z kolcami nastroszonymi i gotowymi do obrony przez 24 godziny na dobę przez przyjmowanie cały czas postawy obronnej.

Krok 2: Odrzuć Historie Blokujące Otrzymywanie

Kiedy doświadczyłeś nadużycia zmuszono Cię, abyś "otrzymał" coś, czego wcale nie chciałeś otrzymać. W tym momencie powstała historia, że otrzymywanie nie jest bezpieczne w żadnej formie. Miłość? Pieniądze? Zdrowie? Wszytko staje się zagrożeniem.

Dla mnie otrzymywanie oznaczało otrzymywanie osądów. Oznaczało robienie tego, co kazała mi mama po to, aby mnie nie zbiła. Oznaczało bycie i życie rzeczywistościami innych ludzi z desperackim pragnieniem miłości i zaopiekowania się (czego nigdy nie doświadczyłam, jedynie w formie finansowej i przedmiotowej i ostatecznie nadużycia).

Co dla Ciebie znaczy otrzymywanie?

Jakie historie, które utrzymują kolce na swoim miejscu, opowiadałeś sam sobie na temat otrzymywania? Czy chcesz odpuścić wszystkie te historie?

Kogo lub co mylnie zidentyfikowałeś i błędnie zaaplikowałeś jako otrzymywanie, a co w istocie jest obroną?

Krok 3: Rozpoznaj Kolczastą Broń Obosieczną

Tak jak kolce niewidzialnego jeża skierowane są na zewnątrz i trzymają wszystko w życiu (miłość, pieniądze, zdrowie itd.) na „bezpieczną odległość", tak samo są jednocześnie skierowane do środka i powstrzymują Cię od wkroczenia w swoje własne życie.

W którymś momencie, prawdopodobnie dawno temu, nauczyłeś się, że nie jest to "bezpieczne" iść naprzód. Próbując uciec przed przemocą, albo mówiąc komuś o nadużyciach, możliwe, że dysocjowałeś i odłączyłeś się od siebie. Tak czy owak, odszedłeś daleko od siebie samego, próbując zachować bezpieczeństwo.

Zatem cały czas dźgasz siebie swoimi własnymi kolcami, które przybrały formę historii, jak to niebezpiecznie jest być widzianym albo słyszanym.

Wiesz co jest w tym wszystkim najbardziej bolesne? Żyjesz własnym życiem z „bezpiecznej" odległości od samego siebie i nigdy nie jesteś w stanie w pełni przyjąć piękna i potencjału *siebie*.

Nigdy nie *otrzymujesz* siebie.

I szczerze, prawdopodobnie bardzo mało wiesz o tym, kim jesteś – kim naprawdę jesteś – ponieważ zawsze byłeś kolczasty i nigdy nie pozwalałeś prawdziwemu siebie wyjść na powierzchnie.

To jest prawdziwa epidemia nadużycia w tej rzeczywistości: My rozwiedzeni od nas samych.

Tak samo jak w Kroku 1 i 2 - musisz zauważyć kolce, którymi ranisz sam siebie i odpuścić historie, które stworzyłeś na temat tego, co znaczy dla Ciebie wkroczenie we własne życie, a sposób, aby to zrobić wiedzie przez wybaczenie i akceptację. To są klucze tego kroku i nie są one przeznaczone dla nikogo innego poza Tobą.

Wybaczyć i zaakceptować siebie samego to największa życzliwość, jaką możesz otrzymać dla siebie.

Krok 4: Uwolnij Wymuszone Otrzymywanie

Jak wspomniałam w Kroku 2, kiedy doświadczyłeś nadużycia zostałeś zmuszony do "otrzymania" czegoś, czego wcale nie chciałeś otrzymać. Nazywam to „wymuszonym otrzymywaniem".

Jaki wpływ mają te dawne doświadczenia na sposób w jaki obdarowujesz innych dzisiaj?

Czy pozbyłeś się wymuszonego otrzymywania, czy raczej wciąż powtarzasz ten cykl? Wymuszone otrzymywanie stawia Cię w pozycji, gdzie wciąż i wciąż jesteś odrzucany. Oddziela Cię od prawdziwej komunii w każdym aspekcie Twojego życia.

Skąd wiesz, że utknąłeś w cyklu „wymuszonego otrzymywania"? Uważasz, że wiesz, co jest najlepsze dla innych: „Masz, zjedz to." „Zrób to." „Weź to." Dajesz innym to, co uważasz, że powinni otrzymać zamiast dać im to, o co proszą.

Zasadniczo uważasz, że jesteś lepszy od wszystkich i nieświadomy niczego. Sam fakt, że możesz zrobić coś dla innych, nie oznacza, że oni tego chcą. Zmuszanie kogoś, aby otrzymał to, co uważasz dla niego za najlepsze, sugeruje, że Ty wiesz lepiej, jesteś mądrzejszy i bardziej świadomy, co kompletnie dewaluuje drugą osobę. To całkowity brak szacunku dla innych.

Zatem przestań narzucać swoją wolę innym i pozwól im być kim naprawdę są i otrzymaj ich całkowicie bez żadnego punktu widzenia. Prosta ciekawość drugiego człowieka idzie w parze z tworzeniem relacji pełnych otrzymywania i przyzwolenia.

Więc jak masz się wydostać ponad „wymuszone otrzymywanie" do innych możliwości?

Krok 5: Skorzystaj z Uwodzicielskiego Otrzymywania

Wszystko zaczyna się od świadomości. Kiedy już raz zobaczysz, jak używasz „wymuszonego otrzymywania" - możesz wybrać coś innego.

Dlaczego by nie spróbować *uwodzić w otrzymywaniu?*

To prawda, uwodzenie może brzmieć troszeczkę niebezpiecznie, szczególnie jeśli doświadczyłeś nadużycia w wyniku bycia „uwiedzionym" przez kogoś, kto zmusił Cię do czegoś.

Zatem tylko przypomnę, jak w Kroku 2, że teraz możesz odrzucić te historie blokujące otrzymywanie.

A jeśli istnieje „bezpieczny" sposób na uwodzenie?

A jeśli „uwodzicielskie otrzymywanie" jest niezbędne, aby zaprosić do Twojego życia wszystko, czego pragniesz? Nasi oprawcy próbowali zabrać coś, do czego nie mieli prawa. Utrzymując uwodzicielskie i orgazmiczne życie z dala od siebie, oddajesz sprawcom władzę nad sobą. Stanie się sztuką własnego uwodzenia przywraca przestrzeń ucieleśnienia, którą zawsze miałeś w sobie nawet przed nadużyciem. Odzyskaj ją, ona należy do Ciebie.

Z uwodzicielskim otrzymywaniem stajesz się zaproszeniem dla wszystkiego, czego pragniesz. Stajesz się energią możliwości wspanialszego zdrowia, relacji, pieniędzy i biznesu.

Jakby to było, gdyby siła Twojej życzliwości i delikatności zobojętniła całą nieuprzejmość, jakiej doświadczyłeś (i przed którą stale chcesz się „zabezpieczyć" swoimi kolcami)?

To w tym właśnie miejscu uwodzicielskiego otrzymywania stajesz się darem, jakim prawdziwie jesteś: dla siebie i dla świata.

W tym miejscu całkowitego obnażenia odpuszczasz kolce; nie ma już więcej barier. Tutaj energia otrzymywania płynie swobodnie i z łatwością. Energia, przestrzeń i świadomość otrzymywania jest wibrująca, żywa, pełna potencjału, soczysta i po prostu przepyszna.

Jest przepyszna, bo Ty jesteś sobą.

Jest żywa, bo wcielasz Twoją energię.

Jest pełna potencjału, bo życzliwość jest Twoją największą siłą.

Jest wibrująca i soczysta, bo pozwalasz sobie być darem „w" i „dla" tej rzeczywistości, co zmienia wszystkich i wszystko w Tobie i dookoła Ciebie na poziomie molekularnym.

Uwodzicielskie otrzymywanie jest najwspanialszą formą witalności na tej planecie. Wszyscy mamy to wewnątrz siebie, im bardziej z niego korzystasz, tym bardziej jesteś połączony z energią ekspansji, co odkryjesz w kolejnym rozdziale.

ROZDZIAŁ 6
ENERGIA EKSPANSJI

Pamiętam jak, kiedy miałam zaledwie siedem lat, wyglądałam przez okno mojej sypialni i patrząc na księżyc modliłam się z ciężkim sercem. Już wtedy doświadczyłam różnych rodzajów fizycznej, seksualnej, emocjonalnej i psychicznej przemocy, jaka miała miejsce do czasu, gdy stałam się dwudziestolatką. I już wtedy, w tak młodym wieku, zobligowałam się do wydostania się z tego, co teraz nazywam niewidzialną klatką nadużycia, bo wiedziałam, że możliwe jest coś zupełnie innego.

Obiecałam sobie, że któregoś dnia znajdę drogę ponad życie, jakim wtedy żyłam. Obiecałam sobie, że zrobię wszystko co potrzebne, aby kreować świat, w którym wszystkie dzieci, kładąc wieczorem głowy na poduszkach, będą mogły spać spokojnie.

Całe lata, wiele wsparcia i odwagi potrzeba mi było, aby wcielić w życie sztukę energii ekspansji. Znalazłam sposób, aby rozkwitnąć pomimo nadużyć seksualnych z dzieciństwa i wsparłam tysiące ludzi w wyjściu ponad ich własne nadużycia do kreowania życia bez ograniczeń.

Podróżuję po świecie prowadząc zajęcia. W radiu *Voice America* co tydzień prowadzę program „Ponad Nadużyciem, Ponad Terapią, Ponad Wszystkim" (*Beyond Abuse, Beyond Therapy, Beyond Anything*), a moje słowa docierają do tysięcy słuchaczy każdego tygodnia.

Można powiedzieć, że dotrzymałam słowa tej siedmiolatce.

Wybrałam nigdy się nie poddać, nigdy nie zrezygnować i zawsze iść po to, co jeszcze jest nieskończenie możliwe

Obecnie robię wszystko co w mojej mocy, aby zlikwidować oraz wyeliminować nadużycie na tej planecie, po to, aby więcej dorosłych i dzieci wiodło życie pełne mocy i ekspansji, co jest ich pierwotnym prawem.

NIE CHODZI TYLKO O PRZEMOC

Aby wszystko było jasne, nie musiałeś koniecznie doświadczyć przemocy jako dziecko, aby zamknąć się we własnej niewidzialnej klatce, która powstrzymuje Cię przed byciem energią ekspansji i wspaniałości, jakiej pragniesz.

Niewidzialna klatka nie rozróżnia płci i jest bardziej niż szczęśliwa, gdy usidli kogokolwiek.

Jeśli dałeś się złapać w jej sidła, prawdopodobnie jesteś już gotowy z niej wyjść i kreować świat, jaki wiesz, że jest możliwy. Możliwe, że tak jak ja, Ty również złożyłeś sobie obietnicę, ale nie jesteś do końca pewny, jak masz ją zrealizować.

Zapraszam Cię do odkrycia sposobów w jakie „niewidzialna klatka" trzymała Cię z dala od wspaniałości siebie, tak abyś Ty również mógł wyjść ponad jej ograniczenia i wcielić w swoje życie energię ekspansji.

ROZPOZNANIE ENERGII EKSPANSJI

Jeśli wyruszyłeś już w tę podróż, pomocne będzie wiedzieć, co pragniesz wykreować. Energia ekspansji to:

- Poczucie (wiedzenie), jak wspaniały i magiczny jesteś, będąc prawdziwie sobą
- Życie życiem pełnym zabawy, wolności, radości i radykalnej żywotności
- Uznanie, że zawsze istnieje niezliczona liczba możliwości
- Proszenie i otrzymywanie tego, czego pragniesz
- Doświadczanie komunii ze sobą oraz z innymi
- Obdarowywanie świata swoją wyjątkowością
- Wybieranie kreowania pełnego mocy życia ponad ograniczeniami

Brzmi całkiem fantastycznie, nieprawdaż? Wyobraź sobie jakie życie możesz wykreować, kiedy wcielisz w nie taką energię ekspansji.

Aby w pełni uznać i posługiwać się tą potężną energią spójrzmy, jakie są trzy największe ograniczenia niewidzialnej klatki i jak wyjść ponad nie i wcielić energię ekspansji jaką prawdziwie jesteś.

OD BYCIA OFIARĄ DO ODZYSKANIA SWOJEJ MOCY

Jako dziecko byłam bardzo zamknięta w sobie. Nieważne co robiłam i tak wciąż doświadczałam przemocy. Dorastałam w przekonaniu, że nic nie mogę zrobić, aby uciec od nadużycia. Byłam jego ofiarą.

Nosiłam w sobie historię ofiary, aż stałam się dwudziestolatką – piłam, imprezowałam, brałam narkotyki i robiłam lekkomyślne rzeczy, próbując uciec od bólu przeszłych nadużyć. Nie dbałam o siebie. Nie wiedziałam wtedy, jak powszechne u wykorzystywanych dzieci jest przekonanie, że są złe i coś jest z nimi nie tak.

Podróż poza historię ofiary poprowadziła mnie przez klatkę nadużycia, aż w końcu wyszłam z niej do bycia tym, kim prawdziwie jestem. Odkryłam, kim właściwie jestem ponad byciem zamkniętą w sobie, żałosną i niszczącą siebie dziewczyną. Nauczyłam się, że jestem życzliwa, genialna, wspaniała i zabawna.

Zdałam sobie również sprawę z tego, że mam teraz inne wybory jak żyć i jakie relacje tworzyć ze sobą i innymi. Ćwicząc nowe wybory, stawałam się coraz bardziej pewna siebie. Stawiłam czoło starym wzorcom i uznałam ich niszczycielską moc nade mną. Wybrałam wtedy stworzenie życia z tego, co jest dla mnie lekkie i odpowiednie. Pomimo nadużycia wybrałam dla siebie możliwość tworzenia czegoś zupełnie innego, a jednak połączonego z tą, kim byłam od zawsze.

A co z Tobą?

Czy „historia ofiary" rządzi Twoim życiem? Czy też powtarzasz cykl przemocy przez wzorce niszczenia siebie i czy jesteś w stanie zauważyć, jak bardzo odbiera Ci to moc?

A jeśli możesz naprawdę wykreować swoje życie poprzez wybór zamiast zniszczenie?

Jeśli doświadczyłeś w swoim życiu jakiejś formy nadużycia albo jakiejś formy „niepoprawności siebie", możesz być bardziej zaangażowany w historię ofiary zamiast w wybór możliwości życia ponad tą rolą.

Możesz czuć się jak ofiara okoliczności, tak jak ja się czułam przez bardzo długo, jakbyś nie mógł nic zrobić, aby to zmienić. Za każdym razem, kiedy mówiłam, że nic nie mogę zrobić, aby odmienić swoje życie, wiedziałam, że to kłamstwo. Wybory, których dokonałam, pomogły mi zrozumieć różnicę pomiędzy mną a moimi uczuciami. Zdałam sobie sprawę z tego, że nie definiują mnie moje uczucia, ale moje wybory.

Ale, jeśli tylko to wybierzesz, pozwolisz tej historii być „etapem" w swojej podróży z klatki nadużycia do energii ekspansji. Czy jesteś gotowy odpuścić historię bez wyborów? Jeśli tak, poprowadzą Cię poniższe trzy kroki.

3 KROKI PONAD BYCIE OFIARĄ KU ODZYSKANIU SWOJEJ MOCY

1. Poproś o wsparcie profesjonalistę

Bardzo często ludzie, z którymi dzielisz się swoimi problemami to ludzie – rodzina i przyjaciele – którzy współtworzą dany problem. Rozmowa z profesjonalistą przyspieszy Twoją podróż na drodze wyjścia z bycia ofiarą. Podzielenie się z kimś tym, co chciałbyś kreować i współpraca z poziomu umacniania dla Twoich wyborów wiele zmienią na drodze wychodzenia z nadużycia. To zabezpieczony przed porażką plan do życia radykalną żywotnością. Profesjonalni uzdrowiciele, z którymi pracowałam, stali się moimi sprzymierzeńcami w osobistej transformacji. Teraz pozwalam sobie być tym dla innych, tak jak jestem tym dla siebie. Nigdy nie osądzaj tego, ile trwa ani którędy wiedzie Twoja droga, po prostu nie ustawaj w wybieraniu ponad ograniczeniami tego, co na samym początku nigdy nie było Twoje.

2. Podziel się swoją historią i ujawnij wszystkie swoje sekrety

Sekrety utrzymują Cię w roli ofiary. One kreują wstyd i odbierają moc, powodują, że tkwisz w zaciśnięciu i ograniczeniach.

Na każdy sekret musisz mieć co najmniej 25 powodów i usprawiedliwień, żeby zostawić go tam, gdzie jest. Te sekrety stają się ciężarem i prowadzą Cię do rozczarowania co do autentyczności, jakiej pragniesz. I co ciekawe te sekrety nie są nawet Twoimi sekretami.

Zwykle należą do sprawców lub do osadów innych, nakładanych na Ciebie, aby Cię powstrzymać przed byciem sobą. Osady są prawdziwą epidemią w tej rzeczywistości, szczególnie w przypadku nadużycia.

3. Wybierz odpuścić – i wyjść ponad – „historię ofiary”

Kiedy odpuścisz swoją historię i wyjdziesz ponad nią, wkroczysz w bycie magią, jaką prawdziwie jesteś. Odkryjesz energię ekspansji, jaka jest dostępna dla Ciebie poza klatką. Odpuszczanie własnej historii to sztuka, która ma Ci umożliwić wybór tworzenia tego, czym prawdziwie chciałbyś być i robić. Nadużycie wydaje się odbierać wybór. W tamtym momencie go nie miałeś, lata później już masz, w każdej sekundzie każdego dnia. Postanowiłam, że moja historia będzie tym, co tworzę teraz, zamiast tym, co stworzyłam w oparciu o zdarzenia z przeszłości.

Jak tylko wyjdziesz ponad swoją starą historię, zaczniesz doświadczać energetycznej ekspansji: wolności, radości i własnej wspaniałości. Zaczniesz dostrzegać więcej możliwości dla siebie i swojego życia i w zaskakujących miejscach odkryjesz nowe źródła własnego potencjału. To obudzi w Tobie świadomość tego, że zawsze byłeś sobą, przed nadużyciem i po nim. Nadużycie nigdy nie musi definiować Ciebie, bo jesteś o wiele więcej i zawsze będziesz.

OD UZBROJENIA DO WRAŻLIWOŚCI

Kiedy moja mama przeklinała i rzucała wyzwiskami, nie płakałam ani nie dawałam po sobie poznać, jak bardzo byłam smutna. Po prostu robiłam to, co mi kazała, aby mieć to już za sobą i móc schować się do mojego pokoju. Kiedy mnie biła, stałam twardo i wyprężałam się. Wiedziałam, że jeśli zacznę płakać, będzie biła mnie jeszcze mocniej. Wiedziałam, że jeśli przywdzieję moją niewidzialną „zbroję" i nie będę płakać, wszystko skończy się szybciej.

Dorastałam w przekonaniu, że bezpieczniej jest być twardym. Wykształciłam naprawdę grubą zbroję, aby chronić moje delikatne wnętrze. W ten sposób moi oprawcy sięgali jedynie zbroi i nigdy nie sięgnęli mojego wnętrza.

Jak wspomniałam w poprzednim rozdziale, nazywam to „zjawiskiem uzbrajania niewidzialnego jeża". Tak jak jeż broni się ostrymi kolcami, Ty również możesz nosić zbroję z niewidocznych kolców. To Twój najlepszy sposób, aby bronić się przed światem, który nie wydaje się być bezpiecznym miejscem.

Ale jak bardzo ekspansywny możesz być, kiedy ciągle bronisz siebie?

Tak jak miałeś nadzieję, że kolce będą trzymały oprawców z daleka, tak teraz trzymają na „bezpieczną" odległość relacje, pieniądze, klientów i wszystko inne.

Te kolce blokują Cię przed otrzymywaniem życia, jakiego pragniesz, ponieważ niebezpieczeństwem wydaje się być otrzymywanie czegokolwiek.

Jak wiele nie dopuszczasz teraz do swojego życia, mając kolce? I tak samo, jak kolce niewidzialnego jeża skierowane są na zewnątrz i utrzymują wszystko w życiu (relacje, pieniądze, klientów itd.) na „bezpieczną" odległość, jednocześnie skierowane są one do środka i powstrzymują Cię od wkroczenia w swoje własne życie.

W jakimś momencie, prawdopodobnie dawno temu, nauczyłeś się, że „niebezpiecznie" jest kroczyć na przód. Próbując uciec przed nadużyciami albo mówiąc komuś o nadużyciach, może dysocjowałeś lub odłączałeś się od siebie. Tak czy owak, odszedłeś daleko od siebie samego, próbując chronić siebie.

Zatem cały czas dźgasz siebie swoimi własnymi kolcami, które przybrały formę osądów i historii, jak to niebezpiecznie jest wyrazić, kim się jest naprawdę. Próbując uciec przed potencjalnym zagrożeniem, które może czaić się „gdzieś tam", wciąż poniżasz siebie, a nawet starasz się być niezauważonym.

Wiesz, co jest najbardziej bolesne w tym wszystkim?

Żyjesz swoim życiem w „uzbrojonym i bezpiecznym" dystansie od siebie, nigdy w pełni nie otrzymując piękna i potencjału *siebie*. Nigdy nie doświadczając mocy swojego obnażenia.

Obnażenie to bycie *sobą* bez uzbrojenia, bez obrony. Potrzebowałam relacji z terapeutami, uzdrowicielami, partnerami i wreszcie sama ze sobą, aby wreszcie zaufać, że mogę być „bezpieczna", kiedy zdejmę zbroję.

Na przestrzeni czasu uwolniłam kolce, zarówno te skierowane do wewnątrz jak i te skierowane na zewnątrz.

I kiedy moje kolce zniknęły, zauważyłam zupełnie nowy poziom obnażenia, który dawał mi znacznie więcej wspaniałych możliwości.

W tej łagodnej otwartej przestrzeni doświadczyłam komunii z samą sobą oraz z innymi, jakiej nie znałam nigdy dotąd. Byłam w stanie poprosić i otrzymać to, czego prawdziwie pragnęłam. Czułam się znacznie bardziej żywa niż kiedykolwiek wcześniej, ponieważ wreszcie otrzymywałam siebie i swoje życie w pełni.

Odkryłam, że jest olbrzymi potencjał w obnażeniu, który wygląda i jest odczuwalny zupełnie inaczej niż siła "napinania się". W rzeczywistości, ten potencjał jest najlepszą „ochroną", jakiej tak naprawdę kiedykolwiek potrzebowałeś.

Chociaż, muszę Cię ostrzec...

Kiedy zbroja zniknie, możesz się czuć "nagi" albo wyeksponowany – i to jest całkowicie normalne. Nic w tym złego. To tylko Twoje łagodne wnętrze, które zaczynie być bardziej otwarte na życie w komunii z samym sobą ponad uzbrojeniem.

Nadal pozostaje jeszcze jeden wszechobecny aspekt niewidzialnej klatki, jaki blokuje energię ekspansji do momentu, aż nauczysz się, w jaki sposób wyjść poza nią.

OD OSĄDÓW DO ŻYCZLIWOŚCI

Osąd to przeciwieństwo ekspansji. To forma zaciśnięcia i ograniczenia oraz bardzo powszechna forma samo-nadużycia.

Kiedy osądzasz innych, to w istocie dysocjujesz, zaprzeczasz, bronisz i odłączasz się od tego, czego nie chcesz zobaczyć w samym sobie. *Osąd* zatrzymuje Cię w kłamstwach i zamyka z powrotem w niewidzialnej klatce nadużycia, która z kolei oddziela Cię od siebie samego, od innych, od życia i tworzenia życia jakiego pragniesz. Kiedy osądzasz siebie, stajesz się swoim własnym wiecznym strażnikiem więziennym i w rezultacie zamykasz sam siebie we własnej niepoprawności.

Przez osądy powracasz do strefy komfortu, jaką doskonale znasz (jak „zły" jesteś) i gwarantujesz sobie, że nigdy nie staniesz się większy, niż jesteś w tej chwili. To tylko umacnia niewidzialna klatkę nadużycia.

Osądy umacniają przekonanie, że jesteś mały, zmagasz się, jesteś ofiarą, jesteś bezsilny, musisz być uzbrojony i odrętwiały. W rezultacie przestajesz generować i kreować ponad klatką, zamiast tego powtarzasz i utrzymujesz w działaniu cały cykl nadużycia.

Jakim sposobem jest to okaz życzliwości wobec Ciebie? Wobec kogokolwiek?

Jedynym sposobem wydostania się z klatki i otrzymania dostępu do energii ekspansji jest wyjście ponad osądy. Istnieje sześć kroków, które Ci w tym pomogą.

6 KROKÓW DO WEJŚCIA W PRZESTRZEŃ BEZ OSĄDU

1. Usiądź w spokojnym miejscu, zamknij oczy i weź kilka głębokich oddechów.
2. Rozprzestrzeń swoją energię do Ziemi.
3. Oddaj wszystkie *osądy* do Ziemi jako wkład.
4. Otwórz się na otrzymanie wsparcia, jakim Ziemia chce być dla Ciebie.
5. Przywołaj z powrotem swoją energię do siebie, już bez *osądów*.
6. Zauważ czego jesteś teraz świadomy.

Ziemia jest jedynym miejscem, gdzie *osąd* nie może istnieć. To jest miejsce, do którego możesz wciąż powracać, aby uwalniać swoje *osądy* i czuć spokój oraz możliwości ekspansji. Oddanie swoich *osądów* do Ziemi jest życzliwością. Oddając Ziemi nawóz swoich *osadów*, użyźniasz tym nowe możliwości dla siebie oraz wszystkich innych.

W przestrzeni bez *osądu* jest życzliwość. Życzliwość jest prawdą tego, kim jesteś i kim zawsze byłeś.

Życzliwość to generatywna energia. W czasie moich podróży dookoła świata i pracy z tysiącami ludzi odkryłam, że to właśnie życzliwość jest niezbędna, aby wydostać się ponad *osądy*, nadużycie i ograniczenia. To właśnie ta generatywna energia kreuje nowe życie wypełnione energią ekspansji.

Jako ćwiczenie, wyobraź sobie przez chwilę...

- Co by się ukazało za 50 lat na naszej planecie, jeśli teraz wybierzesz życzliwość?
- Co by się ukazało, jeśli odpuścisz historię ofiary i wybierzesz drogę wzmocnienia?
- Co by się ukazało, jeśli uwolnisz uzbrojenie i wybierzesz potęgę obnażenia?
- Czy choroby by zniknęły?
- Czy konflikty by się rozwiązały z łatwością?
- Czy byłbyś szczęśliwy?
- Jak energia ekspansji otworzyłaby Cię na świat pełen nowych możliwości?

Jest życie ponad przemocą.... ponad klatką utrzymującą Cię w przekonaniu, że jesteś mały i bezsilny.

Nie musisz być młody, tak jak ja, kiedy miałam siedem lat, patrzyłam w księżyc i marzyłam o życiu ponad nadużyciem, aby zacząć używać niezmierzoną siłę energii ekspansji. To działa dla każdego, niezależnie od tego, gdzie jesteś.

Jedyne, co jest wymagane – to Twój wybór zabawienia się z tym. I o tym właśnie jest następny rozdział.

ROZDZIAŁ 7

IGRASZKI ZE ŚWIATŁEM

Każdego dnia bawisz się światłem wszechświata.

— PABLO NERUDA

Życie może być znacznie prostsze – i dużo bardziej zabawne – niż większość z nas stara się, żeby takie było.

To takie proste, że większość mojego zawodowego życia, całe 25 lat prowadzenia terapii energetycznej, nie tradycyjnej, można sprowadzić do tematu przewodniego: dowiedz się, co nie wychodzi ludziom, daj im siłę do lepszego wyboru, bądź wkładem do urzeczywistnienia się tego, czego pragną, i generuj wielorakie możliwości do tworzenia przez nich upragnionego życia.

Kiedy tym jestem, rezultaty są oszałamiające.

I nie tylko są szczęśliwsi, poza tym, że faktycznie są. Bez względu na to jaki „problem" był u nich zdiagnozowany – na co skazywały leki, jakie brali, choroby, jakie mieli, brak pieniędzy, czy coś innego – to również odchodzi. Ba! Jak za dotknięciem czarodziejskiej różdżki... a wszystko, czego potrzebujesz, aby osiągnąć taki rezultat, to chęć wybrania siebie i przywołania do swojego życia energii żądania zabawy. Zatem dlaczego więcej ludzi tego nie robi?

To jest bardzo dobre pytanie...

W mojej pracy zauważyłam, że większość osób z historią nadużycia ma problemy z zabawą, radością i odpuszczeniem.

Wcale nie dlatego, że nie mają do tego zdolności – wszyscy je mamy – chodzi o to, że „zabawa" w ich umysłach została połączona z czymś zupełnie innym – i „złym".

Na przykład, czasami zabawa przeradza się w czynności seksualne i pojawia się uczucie, że coś tutaj nie gra, ale jednocześnie jest to przyjemne. Powoduje to dezorientację, bo nie do końca masz pewność, co jest nie tak, co jest w porządku i co w ogóle się dzieje. W taki oto sposób tworzysz scenariusz, w którym zabawa jest powiązana ze wstydem seksualności, poczuciem niepoprawności „nie powinienem tego robić' i wszystko, co jest z tym powiązane – zabawa, luz, lekkość – równa się odczuciu bycia poza kontrolą, podobnie do tego, jak się czułeś, kiedy doświadczałeś przemocy.

W prawdziwej zabawie angażujesz się w zajęcia dla samej przyjemności i rekreacji oraz zapraszasz do zaistnienia zupełnie coś nowego poprzez wyobraźnię, aktywność, możliwość, generowanie i kreowanie.

Z nadużyciem zabawa się zmienia. Staje się poważna i praktyczna, sprowadza się do tego „co się zaraz wydarzy" wraz z zakleszczeniem – odcina wolność i świadomość swawolnego baraszkowania, jak robią to biegające swobodnie dzieci. Kiedy jesteś dzieckiem, nie martwisz się i nie zastanawiasz, czy przypadkiem zaraz nie stanie się znowu coś złego. Niewiele rzeczy jest lepszych od zabawy, elementu niespodzianki i czegoś nowego, nieprzewidywalnego, zaskoczenia. Jakie dziecko nie zapyta z ekscytacją „Przyniosłeś mi niespodziankę?" i nie klaśnie w dłonie z zachwytu i oczekiwania? Z drugiej strony dla osób, które doświadczyły w przeszłości przemocy, niespodzianka jest ostatnią rzeczą, na jaką mają ochotę. Nadpobudliwość staje się dla nich hasłem przewodnim. A spoglądanie za siebie i wychylanie się zza rogu to gra o przetrwanie.

ZBÓJECKI KSIĄŻĘ ZABAWY

Z nadużyciem zamykasz swoje ciało w odpowiednich zachowaniach, zaciskasz się w określony sposób, robisz rzeczy w określony sposób po to, aby nie doświadczyć go ponownie. Wchodzisz w energię konkluzji, decyzji, *osądu* i obostrzeń. Jak w ciężkim przypadku zapalenia stawów stajesz się tak sztywny, że wychodzisz poza wszelką kreatywność, generatywność i płynność.

Utknąłeś w tym, co nazywam niewidzialną klatką nadużycia, którą dokładnie opisałam w mojej następnej książce *Creating After Abuse*.

W klatce, jaką sam na siebie narzuciłeś, nie możesz mieć żadnej zabawy, ponieważ zawsze czekasz na następną katastrofę. Nawigowanie życia przypomina spływ niebezpieczną rzeką. W tym stanie zastanawiasz się „Dlaczego to ciągle mi się przydarza? Wszystko jest zmaganiem. Nic mi nigdy nie wychodzi bez względu na to, jak bardzo się staram. Dlaczego wszystko jest takie trudne?"

Odpowiedź jest jedna – zamknąłeś się w czterech „filarach", albo „4D" – omówionych w rozdziale trzecim – które tworzą niewidzialną klatkę: dysocjacja – **Dissociation**; zaprzeczanie i wyparcie – **Denial**; obrona – **Defense**; odłączenie – **Disconnection**.

Z takim podejściem do życia nawet najprostsze kreatywne czynności, jak samotna wędrówka po górach, mogą być poza zasięgiem, ponieważ żyjesz w świecie ograniczeń oraz w przekonaniu, że świat jest niebezpiecznym miejscem. Nieustannie masz się na baczności, wiedząc, że w każdej chwili Twoje bezpieczeństwo i komfort mogą zostać naruszone, co rozciąga się na wszystkie aspekty Twojego istnienia. To jest wszędzie – w Twoim ciele, relacjach, pieniądzach, seksualności – nieustannie zaciska Cię zamiast rozprzestrzeniać do nowych możliwości.

Z punktu widzenia zdrowia, sztywność i blokady w organizmie mogą mieć poważne reperkusje. Brak płynnego, swobodnego przepływu może spowodować, dosłownie, zatkanie przepływu krwi, pozbawiając organy tlenu i innych ważnych składników, jakich organizm potrzebuje do funkcjonowania bez wysiłku. Na przestrzeni lat może się to przerodzić w chroniczne stany lub niewydolność hormonalną. Tak to wyglądało u mnie.

W relacjach możesz mieć tendencję do wybierania ludzi zamkniętych i poblokowanych jak Ty, ponieważ uważasz, że właśnie tak powinna wyglądać relacja. Energetycznie wybierasz ludzi, świadomie czy nieświadomie, ograniczających Cię zamiast kreujących możliwości z Tobą i dla Ciebie. Nawet Twoje dochody i potencjał do zarabiania pieniędzy jest zagrożony przez zachowawcze podejście. Przykładem może być podjęcie pracy jakiej nie lubisz, ale dającej regularną wypłatę, nawet jeśli nienawidzisz codziennie tam chodzić. Gdzie jest zabawa w tym wyborze?

To jakby żyć odwrotnie, przeciwnie do energii ruchu naprzód z możliwościami. Hasłem życia staje się „Jak bardzo bezpieczny jestem?" zamiast „Jak niesamowicie! Co jeszcze mogę wykreować?"

Zabawa i kreatywność są napędzane wyobraźnią, otwartym na pytania umysłem, przestrzenią relaksu oraz możliwością na ukazanie się czegoś generatywnego i ekspansywnego. To jest całkowitym przeciwieństwem tego, co dzieje się z umysłem zatrzymanym w niewidzialnej klatce nadużycia:

- Silna potrzeba struktury
- Kontrolowanie
- Przygotowanie na wszelkie okoliczności
- Potrzeba wiedzenia wszystkiego
- Wycofanie i izolacja
- Zorientowanie na konkluzje
- Utwierdzanie się
- Brak zaufania w niewiadome
- Brak poczucia bezpieczeństwa
- Nadmierna czujność

Twoje siły kreatywne nieustannie zmierzają i jednoczą się z energetycznymi molekułami nieograniczonego wiedzenia i klarownych możliwości – tam, gdzie wszystko jest możliwe, a jedność jest źródłem kreacji.

W zabawie jest wiele niewidomych – i jak może być jeszcze lepiej? Możesz stworzyć wszystko i cokolwiek, czego pragniesz. Jednak, jeśli doświadczyłeś jakiejś formy przemocy, to „nieznane" może wyzwalać w Tobie strach i niszczyć wszelką kreację.

RADYKALNA I ORGAZMICZNA ŻYWOTNOŚĆ

Zauważyłeś, jak długo dzieci zajmują się jedną rzeczą? Po prostu przechodzą z jednego do drugiego – umysł i ciało razem – całkowicie obecne tu i teraz. Wybierają następny moment w oparciu o to, co jest zabawne i ekscytujące.

W mojej pracy podaję to jako przykład radykalnej i orgazmicznej żywotności, gdzie całe Twoje istnienie jest obecne ze wszystkim, co robisz w tej chwili. Nie martwisz się o przyszłość, o płaceniu rachunków, albo o to jak wyglądasz; istnieje wspaniałe uczucie radości i zabawy w zwykłym byciu obecnym.

W sytuacjach nadużycia – nie chcesz być w nich w ogóle obecny.

Orgazm to nie tylko sex... to jest cała zmysłowa ucieleśniona przyjemność. Co, jeśli chcesz powąchać różę albo kupić różę dla siebie po to, aby mieć piękny kolor w domu? Co, jeśli chcesz dodać truskawki do swojego śniadania, a sam ich smak jest orgazmicznie przepyszny? To jest zabawne i ograzmiczne! Dzieci nie mają żadnych założeń, nie rozwinęły jeszcze wszystkich tych detali, jakie znamy my dorośli i które trzymają nas z dala od wcielenia w życie pełnej przyjemności.

A więc jeśli na przykład nie chcesz być obecny w swoim ciele, to jaki ma to wpływ na Twój seksualny, zmysłowy związek? Trudno jest mieć pełną pożądania i orgazmicznie zmysłową relację, kiedy jesteś przyzwyczajony opuszczać ciało, po to, aby nie czuć tego, czego nie chciałeś przede wszystkim czuć.

Co zatem możesz zrobić, aby całkowicie przywrócić bycie w swoim ciele... i powrócić do zabawy?

WEJDŹ W ZABAWĘ W DWÓCH KROKACH

Kiedy dorastałeś, czy ktoś Ci mówił, abyś zadał sobie pytanie "Czy dobrze się teraz bawię?". Dla większości dorosłych wybieranie dla zabawy to nieznana koncepcja, prawie żaden wybór. Jeśli nigdy nie byłeś obecny w swoim ciele, prawdopodobnie nigdy nie dałeś sobie wyboru, aby zapytać i zażądać dla siebie. Czy wiedziałbyś w ogóle, jakie pytanie zadać? Pierwszym krokiem do zabawy jest po prostu zdanie sobie sprawy, że coś tu nie działa na Twoją korzyść i pozwolenie sobie powiedzieć „Tak naprawdę nie wiem, o co tu chodzi, ale coś mi tu nie pasuje i wybieram zmienić to, nawet jeśli nie wiem, o co zapytać". Już ta świadomość przywróci Cię do tu i teraz.

Następnym krokiem jest zadanie pytań, które przywołają energię zabawy, takich jak:

- Ciało, czy to jest dla mnie zabawne?
- Czy dobrze się teraz bawię?
- Czy uczę się czegoś?
- Czy to poszerza moją rzeczywistość?
- Czy jestem wdzięczny?
- Czy podoba mi się to, kim teraz jestem?
- Czy ta osoba mnie otrzymuje?
- Czy jestem w stanie otrzymać?
- Czy moje ciało czuje się dobrze?
- Co jeszcze jest tutaj możliwe?
- Czy mogę robić wszystko, co chcę?
- Czy żyję teraz moją pełną zabawy i radości rzeczywistością?

- Co jeszcze mogę wybrać, co będzie bardziej radosne?

W energii zabawy nie chodzi o robienie tego, co robiliśmy jako dzieci – chodzi o ducha zabawy i placu zabaw możliwości, jaki miałeś wówczas i masz teraz. Chodzi o to, co teraz możesz zrobić, aby tworzyć nowe możliwości i każdego dnia wydostawać się z zaciśnięcia.

Na przykład, nie jestem wstanie siedzieć cały dzień przed komputerem, wysyłając i odpisując na maile, bo to wcale nie jest dla mnie zabawne. To, co lubię zdecydowanie bardziej, to praca energetyczna, program w radiu Voice of America, pisanie tych rozdziałów, rozmowy z ludźmi, kreowanie możliwości. Ale był długi czas w moim życiu, kiedy zabawa wydawała się niebezpieczeństwem, a ja byłam sztywna i znacznie bardziej wolałam formę i strukturę. I jeśli cokolwiek ją zaburzało, wpadałam w szał. Teraz prawie nie potrzebuję struktury. Po prostu podążam za energią „tego co jest" i tego, co jest ode mnie wymagane każdego dnia.

To właśnie robią dzieci. Po prostu podążają za energią tego, co jest możliwe dzisiaj. A kiedy pojawia się nadużycie, cała ta niewinna wolność i zabawa na placu zabaw możliwości zamyka się, ogranicza i sztywnieje. Na szczęście jest droga powrotna.

WYBIERAJ LEKKOŚĆ

To co ludzie uważają za zabawę, jest dla nich lekkie; to coś, co możesz poczuć w swoim ciele. Lekkość jest jak prawda – ponieważ to najbardziej ekspansywna, najbardziej radosna rzecz, którą lubisz robić, rozświetla wszystkich. Jesteś wówczas zabawniejszy dla nas wszystkich.

Energia zabawy to odkrycie, czym jest Twoja rzeczywistość zabawy – emocjonalnej, finansowej, w relacjach, seksualnej – oraz poprzez zadawanie pytań "Ciało, na co masz dzisiaj ochotę? Z kim masz ochotę być? Z kim masz ochotę spać?

Co masz ochotę zjeść? Co chcesz wykreować? Jaka część Twojego biznesu wymaga dzisiaj uwagi?"

Jeśli moje ciało mówi mi „Chodźmy na siłownię", a ja nie pójdę, ciało staje się naprawdę nieszczęśliwe. Pójście na siłownię może być formą zabawy poruszającej ducha i energię. Albo jeśli mówi „Zjedz to" a ja zjem coś innego, nie służy mi to. Cała rzecz polega na tym, aby słuchać swojego ciała, jego podszeptów i tego, co jest wymagane każdego dnia – i czego Ty wymagasz każdego dnia – i podążać za tym.

Możesz wnieść tę energię zabawy do wszystkich swoich decyzji dotyczących tego, co jest dla Ciebie właściwe. Jak? Po prostu, co jest dla Ciebie zabawą? Rób to!

TWOJA RADOŚĆ JEST ZABAWĄ!

To jest właśnie to, co pozwala Ci pracować przez cały dzień bez jedzenia, aż nagle patrzysz na zegarek i zdajesz siebie sprawę "O rany, jeszcze nie jadłem!". Dobrze się bawisz, bo uwielbiasz to, co właśnie robisz. Żyjesz poprzez energię, tak jak robią to dzieci, którym nieustannie trzeba przypominać „musisz teraz zjeść... musisz iść już spać". One są w swojej wolności i musisz je z tego wyprowadzać.

Zwykle dorośli muszą ponownie się nauczyć, czym jest lekkość i ciężar, aby wiedzieli o tym w swoim ciele, gdy stają przed wyborem. Jeśli miało miejsce nadużycie, Twoja energia jest nim przesiąknięta, Twoja przestrzeń naruszona, Twoja świadomość uśpiona. Z tym wszystkim - jak możesz wiedzieć, co jest lekkie i właściwe dla Ciebie? Jedyne co znasz to cierpienie i zło. Nadużycie zmienia całe Twoje spojrzenie na życie i sprawia, że staje się ono bardziej niebezpieczne i niezbyt zabawne.

Stając się świadomym tego, co jest lekkie i właściwe dla Ciebie, pozwalasz sobie tworzyć, to co jest dla Ciebie zabawą. To jak przedefiniowanie swoich molekuł do tego co wiedziały, zanim zostały nadużyte. Jeśli coś jest lekkie, ekspansywne, bąbelkujące, idź po to. Jeśli coś jest ciężkie i gęste, zadaj więcej pytań i nie wybieraj tego, dopóki nie pojawi się lekkość. Niestety, zbyt często wybieramy ciężar i gęstość zamiast lekkości, i w ten właśnie sposób, nie wiedząc nawet kiedy, znajdujemy się w kolejce do psychiatry po wypisanie recepty.

Pamiętaj tylko...

TO, CO WŁAŚCIWE - JEST LEKKOŚCIĄ

Zabawą jest zażądanie dla siebie, jak dzieci, które po prostu mówią "Hej, zróbmy to!" i „Hej, zróbmy tamto!". Oczywiście jako dorośli jesteśmy nieco bardziej pragmatyczni, ale jeśli tylko wcielisz energię zabawy, o której mówię, zaangażujesz swoją generatywną, kreatywną wyobraźnię. To jest dziecięca niewinność będąca w każdym z nas, obecna w naszych ciałach, bez względu na to, ile mamy lat.

I jest to tak łatwe jak wybór bycia całkowicie obecnym, robiąc to, co dla Ciebie działa – w tej chwili – w najbardziej lekki i ekspansywny sposób.

ZWROT O JEDEN STOPIEŃ

Skuteczną i lekką strategią do budowy lepszego życia jest zwrot o jeden stopień w swoim życiu. Zwykły, praktyczny zwrot o jeden stopień może naprawdę pozwolić Ci dokonać transformatywnej przemiany w Twoim świecie i możesz tego dokonać każdego dnia.

Wszyscy zawsze chcą dokonać zwrotu o tysiąc stopni, dokonać natychmiastowego sukcesu, szukać natychmiastowej satysfakcji. Jednak odkryłam, że poświęcając chwilę każdego dnia na dokonanie zwrotu o jeden stopień, i powtarzając ten proces w kolejnych chwilach, zaczniesz ustanawiać połączenie umysłu-ciała-i-ducha w Twojej pamięci komórkowej. To połączenie pozwoli Ci zrozumieć „O, mogę dokonać tego prostego zwrotu, który ma moc zmienić kierunek mojego dnia, w tym właśnie momencie". Tak samo jak kapitan na pokładzie reguluje ster swojego statku o jeden stopień, co ma na skutek znaczną zmianą w wielkiej przestrzeni oceanu.

Pozwólcie, że podzielę się historią, żeby Wam to wytłumaczyć. Wiele lat temu prowadziłam z kimś zajęcia skupiające się na traumie i nadużyciu. Nie wchodząc w szczegóły, mogę powiedzieć o tej osobie, że boleśnie utknęła. Aby dokonać zwrotu o jeden stopień musiała wyjść z stanu paraliżu w bardzo traumatycznej sytuacji, nawet jeśli było to jedynie wspomnieniem w jej umyśle. Reakcje jej ciała były poważne - drżała, miała mdłości i silne pragnienie wymiotowania.

W tej chwili zastanowiłam się, jaką najprostszą czynność mogłabym zaoferować tej osobie. Miała już zamknięte oczy, ponieważ prowadziłam ją do drogi do stania się jej własnym wewnętrznym lekarzem.

Trudno to wytłumaczyć, ale w pewnym momencie powiedziałam „Jeśli wyciągnę do Ciebie swoją dłoń, czy ją przyjmiesz?". Odpowiedziała „Nie".

Znów zapytałam, starając się tym bardziej uprościć czynność: „Jeśli wyciągnę do Ciebie swój palec, czy Ty też wyciągniesz do mnie swój?" Odparła „Tak". Dosłownie wyciągnęła palec, a ja delikatnie wyciągnęłam swój i dotknęłam go.

Wtedy o tym nie wiedziałam, ale był to pierwszy raz, kiedy ta osoba pozwoliła komuś jej dotknąć, podczas gdy była dotykana na wiele innych sposobów, o które nie prosiła. Lecz ten zwrot o jeden stopień w tym momencie pozwolił tej osobie na tyle się uspokoić i regulować jej ciało, aby fizycznie dokonać kroku na przód. Fakt, że zgodziła się i że dowiedziałam się, że był to pierwszy raz, kiedy pozwoliła innej osobie jej dotknąć od czasu przemocy, jaką przeżyła, było niesamowite. I ten jeden dotyk zmienił kurs jej całego istnienia w tym jednym momencie, którego świadkami byli grupa towarzyszących osób.

Ten akt, który jest obecnie uznawany jako zwrot o jeden stopień, mógłby być znaczący również dla Ciebie, pomimo, że wydaje się być niewielkim dostrojeniem. Ten pomysł stał później kamieniem węgielnym metody ROAR.

Zatem czym jest zwrot o jeden stopień w codziennym życiu? To coś, co po prostu robisz w tej chwili i co zmienia kurs Twojego celu, ale na coś dobrego, na lepsze, na zgodność energetyczną z tym, co jest ważne dla Ciebie w życiu. To prosty wybór, za którym idzie czynność i bycie za to wdzięcznym.

Takie podejście do spraw da Ci wolność do zmiany zdania i dostrojenia się do tego, co jest dla Ciebie najprawdziwsze w każdym momencie. To jest zabawa. Piękno jest podwójne: 1) zyskujesz większą swobodę oraz 2) odkrywasz większą intymność z samym sobą. Jeśli wybierasz coś, co nie działa dla Ciebie, wybierasz ponownie. Każdy wybór daje Ci świadomość tego, co działa dla Ciebie, mając na uwadze, że to, co działało dla Ciebie wczoraj, może nie działać dla Ciebie w przyszłym tygodniu lub to, co działało dla Ciebie godzinę temu, może nie działać dla Ciebie teraz.

Jeśli nigdy nie dokonałeś zwrotu o jeden stopień, jak możesz sobie to wyobrazić, wciąż przechodzisz tam i z powrotem, między swobodą a ograniczeniem.

Ale szukamy tylko zwrotu o jeden stopień, żeby dokonać zmiany. Budujesz na nim niczym mięsień.

Kiedy jestem szczęśliwa, wszystko gra. Kiedy jestem w energii pełnej zabawy, skupiam się jedynie na ekspansji i możliwościach. Jestem tutaj, aby cieszyć się każdą chwilą życia na tej planecie i nowymi możliwościami generowania i kreowania zupełnie nowej rzeczywistości – dającej radość, przyjemność, możliwości, zabawę i szczęście. To całkiem inna rzeczywistość niż u osób doświadczonych przez przemoc, które myślą „Wszystko jest takie trudne i nieważne jak bardzo się staram, nic się dla mnie nie zmieni".

PRAGMATYZM ZABAWY

...odkryj, co Cię najbardziej interesuje. Im więcej się uczysz,
tym więcej chcesz się uczyć. To jest zabawa.

– Warren Buffett

Energia zabawy to nie tylko radość − to również aspekt pragmatyczny. I na pewno działa on dla Warenn'a Buffett'a, który w książce *Tap Dancing to Work* autorstwa Carol Loomis jest opisywany jako zmotywowany dobrą zabawą, a nie zarabianiem pieniędzy. Miałam wielu klientów, którzy zostawili swoją pracę, aby robić to, co naprawdę kochają. I kiedy to robili, zaczynali zarabiać trzy lub cztery razy więcej niż wcześniej.

Kiedy Twoje ciało mówi Ci, czego chce - i robisz to - w Twoim życiu ukazuje się to, co jest łatwiejsze i wypełnione zabawą. Poprzez słuchanie tego, co jest właściwe dla Ciebie i podążanie za tym, otwierasz się na współpracę ze Wszechświatem, który ułatwia Ci życie − wszystko dzięki temu, że robisz to, co jest dla Ciebie zabawą.

I odwrotnie, jeśli coś dla Ciebie nie działa, eliminujesz to ze swojego życia. Nie oznacza to, że masz przestać płacić rachunki, raczej znajdź inny, bardziej lekki i zabawny sposób zajęcia się tymi sprawami.

Na przykład, moje rachunki są ustawione na płatność automatyczną, bo nie jest dla mnie zabawą zajmowanie się tym w każdym miesiącu.

Wiedząc to, że te sprawy są doglądane każdego dnia, każdego miesiąca − jest dla mnie zabawą i kiedy kreuję ponad płatnościami, spłacam je. Lubię nie zaprzątać sobie głowy, czy coś będzie zrobione na czas, bo nie tam chcę kierować moją uwagę. Wolę ją skierować na kreowanie nowych możliwości, a jeśli jest to coś ponad tym, co mam w tej chwili, wiem, że mam wolny wybór wykreować dodatkowe pieniądze właśnie na to.

. . .

MOST DO RADYKALNEJ ŻYWOTNOŚCI

Katalizatorem ruchu Żyj Swoim ROAR jest zlikwidowanie i wyeliminowanie wszelkich form nadużycia z tej planety na dwa sposoby: zidentyfikowanie niewidzialnej klatki nadużycia i pokierowanie ludzi do przejścia przez „most" do radykalnej żywotności.

Pamiętaj, Radykalna Żywotność utkana jest ze składników "4C": Wybierz siebie (*Choose you*), Opowiedz się za sobą (*Commit to you*), Współpracuj i wiedz, że wszechświat Ci błogosławi (*Collaborate*) i Kreuj życie jakiego pragniesz (*Create*). Radykalna Żywotność to zabawa!

Przekraczasz ten most, kiedy wchodzisz w ducha zabawy i wybierasz to, co jest dla Ciebie zabawą. Głównym zamierzeniem energii zabawy jest postawienie siebie na pierwszym miejscu.

Jeśli nie jesteś do tego przyzwyczajony, idea wybierania dla siebie będzie kompletnie nową perspektywą. Na pewno ludzie, którzy doświadczyli przemocy, są tym najbardziej zakłopotani, ponieważ na pierwszym miejscu zawsze stawiali wszystkich innych – sami nie istniejąc.

Zabawa pozwala odzyskać Twoją wolność wyrażania siebie. Ponad intencjami i zamierzeniami, nauka wybierania dla siebie energii zabawy otworzy przed Tobą nowe możliwości w każdej chwili oraz przywróci komunię z całym istnieniem na zupełnie nowym poziomie łatwości, radości i glorii.

W następnym rozdziale przedstawię Ci energię ducha oraz wiedzenia – wewnętrzną, nieuświadomioną część, jaką mają dzieci, niezależnie od tego, czy doświadczyły nadużycia czy nie, którą mają tendencję porzucać i zostawiać gdzieś za sobą w drodze do dorosłości.

. . .

Bo jak się przekonasz, im bardziej zaprzyjaźnisz się z tą wrodzoną energią i będziesz jej używać, tym łatwiej wejdziesz w ducha zabawy.

ROZDZIAŁ 8
TWARZ NA KSIĘŻYCU

Skończyło się na tym, że zakochałam się w księżycu, bo on wiernie pojawiał się każdej nocy.

— AUTOR NIEZNANY

Kiedy byłam dzieckiem, mój pokój był moim sanktuarium w pełnym przemocy domu. To było jedyne miejsce, gdzie mogłam uciec od całego tego szaleństwa. Blisko mojego łóżka było małe okno i każdej nocy, kiedy pojawiał się księżyc, klękałam na kolanach i godzinami wpatrywałam się w niego, w jego piękną buzię patrzącą się na mnie, czułam jego uśmiechającą się energię, on dawał mi znać, że wszystko było w porządku.

Pewniej nocy, po jednym z moich długich dialogów z księżycem, pamiętam, jak odwróciłam się od okna, a cały pokój wypełniony był wszystkimi kolorami tęczy, wróżkami i aniołami, tym, co dzisiaj bym nazwała: bogami i boginiami, bytami i bóstwami, tańczącymi w dzikim towarzystwie różowego światła współczucia i niebieskiego światła twórczości – wszystko było tam dla mnie.

Zaczęłam spędzać czas w tym niezwykłym świecie magicznych energii i otrzymywać wszelkiego rodzaju informacje, czego być świadoma, jakie dary posiadam i jak bardzo wyjątkowa oraz odmienna jestem. Te stworzenia z innego świata stały się moimi przyjaciółmi i towarzyszami zabaw i bywały wieczory, kiedy już nie mogłam się wprost doczekać pójścia do swojego pokoju.

Zawsze wiedziałam, że możliwe jest coś innego, więc nie byłam przestraszona tym niezwykłym królestwem, a wręcz miało ono dla mnie znacznie więcej sensu niż moja rzeczywistość, nawet jeśli wszystko to podważało zasady czasu i przestrzeni.

Zdałam sobie sprawę, że coś innego jest możliwe i żadne szaleństwo nie ma na mnie wpływu, kiedy jestem w tej energii. I właśnie wtedy już wiedziałam, że moim życiowym zajęciem będzie połączyć świat duchowy z fizycznym dotykając jednocześnie energii kreacji zawartej w ATP. ATP (adenozynotrójfosforan) lub jak go nazywam, *duch energii*, zaopatruje nas w energię wszystkiego i jest obecny w każdej komórce naszego ciała... włączając w to wszechświat oraz ziemię, po której stąpamy.

DUCH ENERGII I WIEDZENIA

Czym jest energia, z którą możemy się połączyć i być w komunii? Czym jest duch, który porusza wszystko... tworzy wszystko?

Dzisiaj, kiedy myślę o duchu, nie mam już na myśli wróżek, aniołów albo istot. Zamiast tego myślę o tym, co powiedziała Amma (duchowa uzdrowicielka, w jej wspólnocie spędziłam 15 lat) – dziecięca, niewinna energia będąca głęboko w nas, to Bóg.

Dla mnie energia ducha to molekuły ATP (adenozynotrójfosforan) będące paliwem dla każdej komórki ciała i dosłownie nazywa się je energetyczną „jednostką monetarną" życia. Jest to duch energii obecny w naszych ciałach i we wszystkim, czym jesteśmy.

Był czas w moim życiu, kiedy byłam bardzo nieszczęśliwa, piłam dużo alkoholu, miałam poważną depresję i nadwagę, i nic mi nie szło. Wewnętrznie czułam się strasznie i bardzo samotnie, jakby wszystko działo się dookoła mnie, a ja nie byłam z tym połączona.

Jednej nocy, kiedy piłam, postanowiłam się stąd wylogować i załatwić to raz na zawsze. To nie było zaplanowane, ale gdy zobaczyłam nadjeżdżający autobus, zrobiłam krok do przodu i znalazłam się wprost przed nim. Wtedy poczułam, jak coś minie chwyta za ramię i odciąga do tyłu. Byłam w szoku. Rozejrzałam się dookoła i nikogo ani niczego tam nie było i to był właśnie ten moment, gdy już wiedziałam, że coś lub ktoś mnie wspiera.

To było jak pobudka, której tak bardzo potrzebowałam, aby przypomnieć sobie, że jest coś więcej ponad tą rzeczywistością i jestem z tym połączona i że chcę wiedzieć o tym więcej. To wsparcie i prowadzenie w mojej podróży do miejsca, w którym jestem teraz, czułam tak wiele razy.

Po tym jak zostałam psychoterapeutą i otworzyłam swój biznes, zachorowałam na poważną, zagrażającą życiu chorobę i aby uzdrowić siebie zaczęłam używać Theta

Healing®. To kompletnie odmieniło moją praktykę. Theta Healing® jest holistyczną metodą leczenia, która łączy leczenie duchowe, fizyczne i emocjonalne. Opiera się na założeniu, że możesz dojść do głębokiego stanu relaksu i świadomości, znany jako stan theta fal mózgowych, aby połączyć się z kreatywną energią Wszechświata i umożliwić uzdrowienie. Ta metoda została opracowana przez naturopatkę Vianne Stibal.

Przy tej technice musisz naprawdę pracować na Twoim wiedzeniu ducha. Każdego dnia, kiedy siadałam w moim gabinecie z klientami mówiłam to, co mówi Sheryl Sandberg, współtwórczyni Facebooka i autorka książki *Lean In* czyli "pochyl się", by się wsłuchać w energię ducha, energię wiedzenia.

Pojawiały się wówczas takie informacje, jakie świadomie nigdy nie przyszłyby mi do głowy, a klienci spoglądając na mnie zaskoczeni, pytali „Skąd wiedziałaś? Jak możesz to wiedzieć? Skąd masz tę informację? Przecież Ci tego nie powiedziałem." I musiałam z rozwagą używać mojego wiedzenia, aby nie przygnieść ich wszystkim, do czego miałam dostęp poprzez energię ducha.

W tamtym czasie używałam takich narzędzi jak testy mięśniowe, a potem pochodzące z Access Consciousness®, "Lekko Ciężko" aby pomóc klientom poczuć poprzez ciało ich własne wiedzenie, wspierałam ich, aby uznali to, co sami wiedzą. Stało się dla mnie jasne, że dzięki połączeniu, jakie mam z innymi przestrzeniami, rzeczywistościami i energiami, jestem kanałem, rurką trzciny (wszystko co masz usłyszeć przechodzi przeze mnie bez *osądu* ani punktu widzenia) dla ludzi, którzy przychodzą do mojego gabinetu.

I nawet przed Theta Healing®, zawsze miałam poczucie, że istnieje inna, unikalna i niezwykła część mnie, która łączy się z innymi ludźmi. Wiedziałam o tym i wiedzieli o tym moi klienci.

A ludzie mówili mi „Jesteś zupełnie inna niż pozostali doradcy. Robisz to inaczej. Nigdy wcześniej się tak nie czułem."

Wierzę, że mam te umiejętności dzięki świadomości energii „twarzy na księżycu", świadomości energii poruszającej wszystko, włączając w to nasz system przekonań oraz świadomość, że nasze organy przechowują wszystkie te wierzenia i zmieniają nasze ciała i całą naszą rzeczywistość. Wierzę również, że te rzeczywistości mogą zostać zmienione, przetransformowane oraz uzdrowione przez współpracę świadomości z czymś zupełnie spoza tej rzeczywistości.

Bycie świadomym w ten sposób, to współpracowanie z Ziemią oraz współpracowanie z molekułami Ziemi, które są takie same jak molekuły ATP, potęga naszego ciała.

Przez doświadczenia energii ducha i wiedzenia w moim dzieciństwie oraz informacje, jakie wtedy dostałam, zawsze czułam, że moja praca na tym świecie będzie mostem łączącym dwa światy – świat duchowy i fizyczny. Prawdopodobnie nie jest to przypadek, że jestem spod znaku Strzelca przedstawianego pod postacią łucznika strzelającego w niebo oraz konia stojącego stabilnie na ziemi. Dla ludzi jestem tym mostem pomiędzy obecną rzeczywistością i sferami, gdzie jest możliwe jeszcze więcej.

Z każdym klientem z jakim pracowałam, włączając w to siebie, szukam tych części nas, które zostały oddzielone, blokują możliwości dostępu do naszego wiedzenia i energii ducha. Może to oznaczać powrót do bardzo wczesnego dzieciństwa i odnalezienie miejsca, w którym wciąż utykamy w pewnych sytuacjach niezależnie od tego, ile mieliśmy lat, kiedy się to działo. Pomagam ludziom spojrzeć prosto w oczy ich wewnętrznego dziecka, aby zdobyli informację o tym, co powoduje zablokowanie i oddzielenie od nich samych oraz poznać emocje jakie temu towarzyszą – strach, złość, wstyd – i wówczas uznać je w teraźniejszej dorosłości.

Wszystko odbywa się w cztery oczy.

Kiedy już raz powiedzą wszystko, co musi zostać powiedziane w danej chwili, zawsze proszę ich, dorosłych, aby wyciągnęli ręce w stronę dziecka. Czasem dziecko odwzajemnia to, czasem nie; pracujemy dotąd, aż dziecko to zrobi, w tej czy kolejnej sesji. Zwykle dziecko pyta „Czy mogę Ci zaufać?" Zasadniczo, dziecko musi „spotkać się" z dorosłym.

Dla mnie to jest jak spotkanie swojej wewnętrznej energii ducha lub wewnętrznego sprzymierzeńca. Jest to prawdziwa komunia ducha.

Kiedy wracają z tego spotkania, zwykle pojawiają się tęczowe ruchome schody wynoszące ich oboje, dorosłego i dziecko, z powrotem do gabinetu albo grupy tam, gdzie jesteśmy i integrujemy dziecko w teraźniejszość. To nigdy nie zawodzi, a dorośli mówią, że to doświadczenie fundamentalnie ich zmieniło. Już nie aktywuje w nich to, co dotychczas ich dręczyło, a na dowód tego przytoczę opinię, jaką dostałam od jednego z moich klientów:

Próbowałam wielu metod, aby zmienić te aspekty mojego życia, w których nie byłam szczęśliwa. Byłam tak nieprawdopodobnie sfrustrowana i bardzo często bliska poddaniu się, uczestniczyłam w zajęciach za zajęciami, używając narzędzi, jakie były tam proponowane i wiedząc, że powinny działać tak dynamicznie, jak działają dla innych ludzi, nie miałam pojęcia czemu nie działają dla mnie. Pracowałam z bardzo wielomaterapeutami, niektórzy z nich z sukcesem asystowali mi do samej krawędzi spoglądania na traumę i nadużycie, tylko po to, by zostawić mnie wiszącą nad przepaścią przed otwartymi drzwiami krzywdy i przemocy – nie wiedząc zupełnie, co mają zrobić, kiedy drzwi się otworzyły. To było dla mnie przerażające i zajęło mi bardzo dużo czasu, aby zechcieć spróbować tego ponownie...

W drodze do domu po naszej sesji zauważyłam, że zamiast płytkiego oddechu towarzyszącego mi przez całe życie, pojawił się oddech wypełniający całe wnętrze mojego ciała, tak jakbym po raz pierwszy w życiu wreszcie żyła w swoim ciele. Czułam się zupełnie inaczej w swoim ciele. Moje istnienie było bardziej połączone z ciałem i wszystko stało się bardziej miękkie. Jestem tak wdzięczna, że odtworzyłaś tę przestrzeń; że wykorzystałaś wszystkie swoje niezwykłe umiejętności, abym ponownie połączyła się z sobą samą. Wiem, że nic nie będzie już teraz takie samo i wiem też, że dar jakim jestem, jest dostępny dla mnie w każdym momencie.

Jest to energia ducha i to właśnie robię. Przywołuję te zagubione dzieci – pofragmentowanego ducha tych wspaniałych istot – i łączę je w „tkwiącą głęboko w nas dziecięcą niewinność zwaną Bogiem", przywołuję ją, pozwalając tej osobie na pełen wybór, pełną moc, pełnię możliwości współpracy ze wszystkim w każdym momencie życia.

Bez tej energii ducha i wiedzenia, wygląda to tak, jakbyś miał podręcznik z brakującymi rozdziałami. Nie pozwala Ci to dostrzec pełni ducha ze względu na separację, jaka się pojawiła.

W mojej pracy, zanim skontaktuję się z dzieckiem, najpierw muszę oczyścić wszystkie *osądy*, przekonania i ucieleśnienia, jakie ma dorosła osoba siedząca przede mną, sądząc, że nimi jest. Kiedy ciało jest wolne od przekonań i *osądów*, które po pierwsze, nie należą do niego, tylko do rodziców, dziadków, systemów społecznych i kulturowych, przysiąg i/lub zobowiązań, bardzo często właśnie tam odnajduję dziecko zakleszczone w sytuacji, w której zupełnie nie wie, co ma zrobić. Psychologiczny mechanizm kompensacji powoduje, że jedna część nas idzie dalej, a inna pozostaje uwieziona w sytuacji, kiedy mieliśmy na przykład cztery lata. Ta część nie umiera ani nie opuszcza tej sytuacji, pozostaje uwięziona w kuchni albo sypialni albo gdziekolwiek, gdzie miało miejsce trudne wydarzenie.

Jest mnóstwo miejsc, gdzie to mogło się zdarzyć. To mogli być zwyczajnie mama z tatą wrzeszczący na siebie, a jedno z nich zagroziło odejściem. A to, co słyszy wówczas dziecko to: „o mój Boże, moje całe poczucie bezpieczeństwa jest zagrożone". Dzieci nie potrafią sobie z tym poradzić ani o tym mówić, dlatego separują się i ukrywają w szafie swojej sypialni.

Czterdzieści lat później znajdują się na terapii i ta scena okazuje się być centrum problemów.

Na szczęście nie muszą już dłużej tam tkwić, między innymi na tym polega moja praca. Idę tam z nimi i odzyskujemy tę część, uznajemy to, co się wydarzyło i spowodowało separację oraz uwalniamy całe kłamstwo, jakie kupili przez tę sytuację. To był problem – nie kreowali swojego życia z pozycji całości, jaką prawdziwie są. Robili to z części siebie powstałej w wyniku traumy i szoku.

Kiedy pojawia się z powrotem ta brakująca część, moi klienci czują, że wszystko się zmieniło i już nic nie będzie takie samo jak dawniej. Mają teraz połączenie ze swoim duchem, ze swoją energią, ze swoim nieograniczonym istnieniem, które jest fenomenalne i pełne magii i możliwości, gotowe do wyboru niezależnie od tego, jak źle coś wygląda. Wszechświat przestaje dla nich być miejscem bez wyboru.

Jest inna możliwość.

Jak możemy połączyć się z pełnią ducha?

POŁĄCZENIE Z PEŁNIĄ

Energia ducha ma wiele imion – nazywamy ją Bogiem, Wszechświatem, nieskończoną wiedzą, nie ma to znaczenia – postrzegamy ją jako coś wyrazistego obdarowującego nas i współpracującego z nami. Energia wiedzenia jest wewnętrzna; to nasza zdolność do otrzymywania; nasze bycie, wiedzenie i postrzeganie.

Aby stawać się bardziej świadomym tej energii, opracowano praktyki i ćwiczenia, które możesz wykonywać poza terapią czy zajęciami – kroki jakie możesz zrobić, aby połączyć się ze swoją wewnętrzną pełnią.

Kontakt z Naturą

Jedną z rzeczy, jaka utrzymywała mnie w poznawaniu własnej ścieżki ducha był sport. Kiedy grałam w piłkę, wędrowałam po górach, jeździłam na rowerze, biegałam na szczyt góry, czułam się silna, zwinna i wolna w moim ciele i wiedziałam, że mogę wszystko. Nie było ograniczeń zwinności i umiejętności w połączeniu mojego ciała z Ziemią. Czułam spokój po wysiłku fizycznym i zdyszana wiedziałam, że „wszystko jest ok."

Kiedy jesteś w tej energii przestrzeni, wszystko jest możliwe i możesz poszerzać się razem ze Wszechświatem i być jednością ze wszystkimi molekułami. Generalnie chodzi o wdzięczność dla Ziemi poprzez wyjście na nią w jakiś sposób.

Zatem, do dzieła... przytul drzewo. Pospaceruj boso w medytacji. Połóż ciało na ziemi i bądź z nią blisko, oddychaj.

Moja ukochana babcia - Sztuka otrzymywania

Moja babcia otworzyła przestrzeń w moim świecie do otrzymywania energii bycia mną w pełni.

Kiedy byłam dzieckiem, jedyną osobą, przy której czułam się dobrze, była moja babcia. Każdego dnia, kiedy zostawałam z nią, chodziłam z nią do kościoła, a ona recytowała słowa modlitwy.

Kiedyś wyrecytowała "Pewnego dnia moja dusza i ja zostaną uzdrowione." W modlitewniku nie pisało „dusza", ale ona dodała to słowo i kiedy je usłyszałam, natychmiast spojrzałam na nią i zadzwoniło mi w uszach „Co to jest dusza?"

Spoglądając w przeszłość, zdałam sobie sprawę, że przez całe życie poszukiwałam duszy i ducha, a pojawiło się to po raz pierwszy podczas tych długich wieczorów spędzonych z księżycem.

Słuchałam na okrągło śpiewów, modlitw i psalmów siedząc u stóp babci i śledząc żyły na jej dłoniach, czułam ogromny komfort z powtarzających się słów. Dzięki jej „religii" otworzyłam się na moją świadomość, moje postrzeganie, moje wiedzenie i pozwoliłam sobie na luksus bycia. Wszyscy potrzebujemy tej jednej osoby - poza nami - która w jakiś sposób odzwierciedli blask, jakim jesteśmy. Te chwile wlewają się w naszą wiedzę ponad tę rzeczywistość. Odtąd z swej istoty wybieramy komunię.

Pytaj

Jak pamiętasz, w rozdziale drugim mówiłam o tym, jak ważne we współpracy ze Wszechświatem jest zadawanie pytań. Pytanie i bycie w pytaniu jest nieodłączną częścią połączenia się ze swoim wiedzeniem. Może to być tak proste, jak pytanie o następny krok w Twoim życiu, albo o to czego prawdziwie pragniesz.

To co odkryłam, że działa dla mnie, aby połączyć się z energią ducha oraz wiedzenia, to skupienie się na moich zamierzeniach poprzez zadawanie serii pytań i zdań. W zasadzie to śpiewam to, jak piosenkę zaczynając każdy dzień:

- *Kim dzisiaj jestem?*
- *Wszechświecie, pokaż mi dzisiaj coś wspaniałego.*
- *Jaką energię, przestrzeń i świadomość mogę wykreować dzisiaj?*
- *Jakim wkładem energii ducha/wiedzenia mogę dzisiaj być i otrzymać?*
- *Kim chciałabym być?*

I dodałam do tego coś w rodzaju zabawy, jak „Co mogę dzisiaj zrobić, kim mogę dzisiaj być, co wykreuje więcej zabawy i radości natychmiast?"

Czasem zadaje mojemu biznesowi takie pytania:

- *Ile by mnie kosztowało zaproszenie wkładu do mojego życia?*
- *Czego mój biznes wymaga ode mnie?*
- *Co chciałby zrobić dzisiaj?*
- *Z kim dzisiaj muszę porozmawiać?*

Dla mojego zdrowia pytam:

- *Jak moje ciało chce się dzisiaj poruszać?*

- *Jak moje ciało chce dzisiaj zjeść, co wypełni mnie energią i lekkością?*

Nie ma nic złego w odpuszczaniu

Czasem musisz odpuścić coś, co już więcej dla Ciebie nie działa i powiedzieć „Ok, poddaję się temu, co jest nade mną." W pewien sposób cały proces kreacji jest jednym wielkim odpuszczeniem – odpuszczeniem przywiązania do tego, czego pożądasz. Oczekiwanie, decyzja, osąd, zakończenie i przewidzenia mogą lekceważyć Twoje wiedzenie, postrzeganie i zdolność do otrzymywania.

Jestem przekonana, że żyjemy we Wszechświecie, który nas wspiera i błogosławi, wiem to. Nieważne, jak bardzo cierpiałam z powodu nadużycia albo jak bardzo nie chciałam wtedy żyć, energia mojego wiedzenia pozwalała mi iść dalej i nawigowała ku uwolnieniu od wszelkich tortur i przejściu na drugą stronę, abym mogła dać coś wartościowego i pomóc tak wielu innym ludziom.

Wielu ludzi jest zagubionych w tej rzeczywistości i szuka terapii, medytacji albo wspólnot duchowych, aby połączyć się z całą energią, jaką widziałam tak wyraźnie mając siedem lat. Ja również robiłam te wszystkie rzeczy, aby uzdrowić się i połączyć głębiej.

Dlatego zastanawiam się....

To jest pytanie albo jeśli wolisz – wezwanie do akcji.

Jeśli możesz tak poszerzyć swoją energię, aby włączyć w nią pracę z duchem Ziemi, Wszechświatem i swoim własnym wiedzeniem współpracującym z tym wszystkim, co jeszcze możemy wykreować wspólnie, co pozwoli nam być energią ducha przez cały czas, we wszystkich miejscach, w każdej sytuacji bez względu na to, czy czujemy się kompletnie wspierani czy nie?

I czego potrzeba, aby energia ducha z głębi Ciebie pojawiła się i stała się katalizatorem w Twoim życiu teraz i na całą wieczność?

W końcu: świat czeka na Ciebie.

W następnym rozdziale przedstawię kilka kroków wraz z prostymi i jednocześnie skutecznymi wskazówkami, jakie możesz włączyć w swoją codzienną praktykę doświadczania prawdziwej radości w swoim własnym życiu. Podzieliłam się tymi krokami z tysiącami moich klientów.

ROZDZIAŁ 9
KLUCZ DO SZCZĘŚCIA ODNAJDZIESZ W SWOIM WNĘTRZU

Możesz uciekać, uciekać, uciekać przed wieloma rzeczami w życiu, ale nie możesz uciec od siebie. I kluczem do szczęścia jest zrozumienie i akceptacja tego, kim jesteś.

— *DALE ARCHER*

Było wiele kroków, jakie wykonałam po tym pamiętnym dniu w czasie studiów, kiedy profesor wyciągnęła do mnie rękę. Nie było wcale tak, że szczęście przyszło do mnie w ciągu jednej noc. Jak powiedziałam, musiałam przezwyciężyć ponad dwadzieścia lat przemocy, aby móc szczerze powiedzieć, że jestem prawdziwie szczęśliwa. Czuję radość, lekkość i wolność.

I Ty też możesz.

. . .

Bez względu na to, czy zmagasz się z nadużyciem czy nie, są szanse, że jeśli czytasz tę książkę, to w Twoim życiu istnieje coś w rodzaju pułapki, klatki, czujesz się wykluczony z możliwości bycia szczęśliwym. Dobra wiadomość jest taka, że klucz do tej klatki spoczywa wewnątrz Ciebie i mogę Ci pomóc go odnaleźć i użyć.

KROK 1: UZNAJ, ŻE JESTEŚ NIESZCZĘŚLIWY

Szczęście to widzenie całego siebie.

Ignorowanie tego, że jesteś nieszczęśliwy nie sprawi, że to odejdzie. Prawdę mówiąc, ignorowanie tego, że jesteś nieszczęśliwy, zagwarantuje, że będzie to tkwiło przy Tobie wiele dłużej niż byś chciał. To tak jak kłopotliwy gość na przyjęciu: ignorując go spowodujesz jeszcze większe zamieszanie!

Możesz zaprzeczać temu, że jesteś nieszczęśliwy, ponieważ jest to wstydliwe czy kłopotliwe przyznać się do tego przed innymi i pokazać, jak bardzo nieszczęśliwy jesteś. Nie jesteś w tym osamotniony. Mnie przerażało przyznanie się do mojego nieszczęścia przed innymi.

Dopóki zaprzeczasz temu, jak bardzo jesteś nieszczęśliwy, mówisz sam sobie, że się nie liczysz. *Jest to forma zaniedbania i nadużycia.* Wyobraź sobie tę część siebie pozostawioną samotnie w ciemnej szafie. Czy zrobiłbyś to małemu dziecku? Więc nie rób tego sam sobie. Kiedy uznasz, jak bardzo jesteś nieszczęśliwy, docenisz własne doświadczenie, docenisz siebie. Dasz sobie do zrozumienia "Hej, ja się liczę." To otworzy całkowicie nowe królestwo możliwości tego, jak możesz być albo co możesz od teraz robić.

To również pomoże Ci zbudować most pomiędzy Twoim umysłem i Twoim ciałem. Zamiast pozostawiać tą nieszczęśliwą część siebie w szafie pozwalasz, aby wszystko kim jesteś było zaangażowane i dostępne. W ten sposób obierzesz kurs na sukces.

KROK 2: WYBIERZ SZCZĘŚCIE

Szczęście to wybieranie dla samej zabawy.

Kiedy byłam dwudziestolatką, nawet nie myślałam, że życie może kiedykolwiek być dla mnie lepsze. Nie wierzyłam, że kiedykolwiek będę szczęśliwa. Myślałam, że szczęście jest dostępne tylko i wyłącznie dla innych. Po ukończeniu studiów wiedziałam, że nie mogę wrócić od domu, w którym dorastałam. Wiedziałam, że to mnie zabije, jednak nadal nie byłam pewna, co chcę robić.

Zainspirowana przez profesor ze studiów zdecydowałam się przenieść do Arizony i pracować w Schronisku Młodzieżowym.

Wybrałam przebywanie w środowisku, o którym wiedziałam, że mogę w nim coś zmienić. Pracowałam tam w Służbie Opieki nad Dziećmi zapewniającej bezpieczny dom, edukację i jedzenie dla dzieci zabranych z domów pełnych przemocy. Jednocześnie byłam doradcą dla tych dzieci. Chciałam, żeby każde z nich wiedziało, że jest bezpieczne, kochane i zaopiekowane. Chciałam, aby mogły wieczorem położyć głowę na poduszce i zasnąć bez zmartwień i obaw.

Pomaganie tym dzieciom dawało mi szczęście.

Kiedy stałam się sojusznikiem dla dzieci, jednocześnie stałam się sojusznikiem dla siebie samej. Kiedy tylko dałam sobie miłość i opiekę, jakiej nigdy nie miałam w czasie dorastania, odkryłam, że mogę dokonywać zupełnie innych wyborów dla siebie.

Wszystkie te bolesne sposoby, w jakie wcześniej żyłam zaczęły powoli odchodzić w niepamięć, od kiedy zaczęłam dokonywać innych wyborów. Na przykład zamiast ucieczki w alkohol i używki mogłam wybierać zajęcia, po których czułam się dobrze. Dokonywałam wyborów opartych na tym, kim chcę *teraz* być i co chcę *teraz* robić, zamiast na tym, co robiłam do tej pory.

Mogłam naprawdę wybrać szczęście.

Ty również masz wybór. W ten sam sposób możesz wybrać szczęście poprzez wprowadzenie do swojego życia takich rzeczy, które dają Ci lekkość, rozpromieniają i przynoszą radość.

Co to jest dla Ciebie? Hobby? Chodzenie na siłownię? Zajęcia tańca? Wolontariat? Czym jest ta rzecz z tyłu głowy, która nie ma żadnego sensu, ale wiesz, że przyniesie Ci szczęście? To może być coś, co robiłeś jako dziecko, coś czego nigdy nie robiłeś, albo nawet nie wyobrażałeś sobie, że będziesz robić. Cokolwiek to jest, właśnie to może otworzyć ci drzwi do szczęścia. Wybierz to. Wybierz szczęście.

KROK 3: UWOLNIJ UZALEŻNIENIE OD BYCIA NIESZCZĘŚLIWYM

Szczęście to pozwolenie na łatwość.

Niestety, wielu ludzi jest uzależnionych od własnego nieszczęścia.

To brzmi jak szaleństwo, prawda? Dlaczego ktokolwiek miałby *wybierać* bycie nieszczęśliwym?

Okazuje się, że jest ku temu wiele powodów:

- Jest to znajome.
- Jest sposobem na zwrócenie na siebie uwagi.
- Jest sposobem na połączenie (narzekanie na to, co nie działa w życiu jest jedynym sposobem utrzymania relacji społecznych).

Kiedy rzeczy nie działają, ludzie zapraszają Cię na kawę, zabierają Cię na zakupy albo sugerują dzień w SPA.

A kiedy idzie Ci świetnie, niektórzy ludzie wściekają się albo zastanawiają na jakich prochach jedziesz. Nie będą dzwonić, aby Cię wspierać albo z Tobą gdzieś pójść. *Prawdę mówiąc, ludzie często nie wiedzą, jak mają się odnieść do czyjegoś szczęścia i sukcesu.*

Bycie nieszczęśliwym stało się nawykiem. Pesymizm przenika wszystko. Nasze życie napędzają zmagania z tym, co nie działa. A jak by to było, gdybyś wcale nie musiał się zmagać, aby wyjść z bycia nieszczęśliwym?

Uzależnienie jest nie-łatwością. Szczęście jest łatwością.

Ludzie uzależnieni od alkoholu zmagają się, aby uwolnić się od tego nawyku. Koniec końców potrzebują wsparcia, aby całkowicie pozbyć się pociągu do alkoholu.

Podobnie jest z uzależnieniem od bycia nieszczęśliwym. Aby uwolnić się od pociągu do tej choroby, przestań myśleć, że wszystko masz zrobić sam. Bądź gotów poprosić o wsparcie.

KROK 4: POPROŚ O WSPARCIE I

PODZIEL SIĘ SWOJĄ HISTORIĄ

Szczęście to otrzymywanie siebie jako dar.

Próbowałam przezwyciężyć moje traumy i nieszczęście na własną rękę, jednak zaprowadziło mnie to donikąd. Powróciłam do znieczulania się przez picie i narkotyki, bo nie byłam w stanie znieść bólu.

W końcu musiałam przyznać sama przed sobą, że potrzebuję wsparcia, więc przeczytałam wszystkie poradniki, jakie tylko znalazłam. Dowiedziałam się więcej o uzdrowieniu i szczęściu, jednak nadal było to za mało.

Wsparcie zaoferowała mi moja profesor ze studiów poprzez zapewnienie bezpiecznej przestrzeni, gdzie mogłam podzielić się moją historią. Do tego czasu wszystkie moje sekrety i zmartwienia były zamknięte w moim ciele, wyparte i porzucone.

Jak możesz doświadczać prawdziwego szczęścia, kiedy część Ciebie jest zamknięta?

Aby przestać wybierać bycie nieszczęśliwymi i wybrać szczęście musisz zanurkować w głąb, do samego korzenia Twojego nieszczęścia. To wymaga spojrzenia na wydarzenia, sytuacje i związki z przeszłości, które wpływają na Twoją teraźniejszość.

Ciężar Twojego nieszczęścia zostanie uniesiony, kiedy skierują się na niego oczy i uszy profesjonalisty, niezależnie od tego, czy jest to terapeuta, lekarz albo inny praktyk. W taki oto sposób podzielenie się swoją historią pozwala otworzyć klatkę poczucia bycia nieszczęśliwym.

Kiedy to zrobisz, przejdziesz od bycia niewolnikiem do wolności, z ograniczeń do możliwości. Nie możesz kreować nowej teraźniejszości i przyszłości, dopóki nie spojrzysz na przeszłość, która doprowadziła Cię do miejsca, w którym jesteś teraz. Musisz podzielić się swoją historią, wynieść z niej naukę i odkryć, jak możesz kreować nową historię.

Kiedy już pozyskasz wsparcie zaufanego doradcy, poczujesz głębokie uczucie ulgi, że już nie musisz zmagać się z tym samotnie.

KROK 5: NAUCZ SIĘ SŁUCHAĆ SWOJEGO WNĘTRZA

Szczęście to wyciszenie się, słuchanie i robienie dokładnie tego co usłyszałeś.

Może wydawać się dziwne, że najpierw zachęcam do sięgnięcia po wsparcie, a potem mówię, aby słuchać swojego własnego prowadzenia. Moim zdaniem jedno i drugie jest bardzo ważne. Praca z terapeutą pomoże usunąć wiele wewnętrznej „statyczności" tak, że będziesz mógł wsłuchać się i usłyszeć swój wewnętrzny przewodni głos. Ostatecznie to właśnie Twój wewnętrzny głos przewodni jest kluczem do szczęścia.

Wielu ludzi jest w błędzie, myśląc, że będą szczęśliwi z nowym BMW, pracą w korporacji, w małżeństwie z „właściwą osobą", z domem otoczonym niskim białym płotkiem i dwójką dzieci.

Ale prawda jest taka...

Kreowanie życia opartego na tym, co myślisz, że powinieneś mieć, albo opartego na tym, co mają inni, jest biletem w jedną stronę do bycia nieszczęśliwym. To powoduje, że podejmujesz decyzje oparte na tym, co zewnętrzne, zamiast na tym, co jest wewnątrz Ciebie.

Kiedy dasz sobie czas i wsłuchasz się w wewnętrzny głos oraz pozwolisz, aby prowadziła Cię mądrość, zaczniesz podejmować inne wybory. Zaczniesz również kreować nową relację z samym sobą opartą na zaufaniu i szacunku. To idzie w parze z kultywowaniem bycia szczęśliwym dla siebie i wraz z innymi.

Wyjście poza listę oczekiwań i wejście w świat szczęścia może nawet wydawać się przerażające, ponieważ ze względu na Twoje środowisko jest może w Tobie zakorzenione przekonanie, że cokolwiek innego będzie „porażką". Tylko pewne rzeczy kojarzą im się z sukcesem i aby wcielić ich pomysł na sukces w swoje życie zarywasz nockę, co prowadzi Cię jedynie do uczucia pustki. Wtedy musisz po raz kolejny usunąć te zewnętrzne żądania i stać się żądaniem siebie, jak o tym mówiliśmy w trzecim rozdziale.

Bardzo prawdopodobne, że większość życia spędziłeś, słuchając zdania innych ludzi, więc może zabrać trochę czasu, zanim wsłuchasz się w swój własny wewnętrzny głos.

Poniższa codzienna praktyka pozwoli Ci wzmocnić umiejętności słuchania wewnętrznego głosu:

1. Ustaw czas na (minimum) 5 minut.
2. Zadaj sobie pytania:
3. *Czego ja chcę?*
4. *Jakiego doświadczenia poszukuję?*
5. *Co zrobię, aby to stworzyć?*
6. Posłuchaj i zapisz odpowiedzi na powyższe pytania
   (nie próbuj "wymyślić" odpowiedzi, po prostu pozwól
   sobie zapisać strumień świadomości, jaki się pojawił,
   bez edytowania albo zatrzymywania go).

Kiedy słuchasz i działasz w zgodzie z wewnętrznym przewodnikiem, żyjesz ze swojego wnętrza. To jest Twój bilet do szczęścia.

KROK 6: WYRWIJ CHWASTY I ZASIEJ NOWE ZIARNA

Szczęście to pozwolenie sobie na to, by zasiać swój własny ogród.

Mówiąc wprost, jeśli chcesz być szczęśliwy, musisz być gotowy zakwestionować wszystko w swoim życiu. Musisz być chętny zmienić *cokolwiek*, co nie jest wkładem do Twojego wyboru bycia szczęśliwym.

Bycie szczęśliwym to „wewnętrzna praca". Jednakże ludzie, zdarzenia i sytuacje, jakimi się otaczasz albo przybliżają, albo oddzielają Cię od bycia szczęśliwym.

Czy zechcesz uznać, że coś, co robisz od „ileś" lat nie jest już dłużej spełnieniem – i jak często unikasz zmiany tego?

Nie możesz być szczęśliwy bez wyrwania chwastów, jakie zawładnęły Twoim życiem, zatem kiedy już uznasz, że coś dłużej dla Ciebie nie działa:

Podziękuj, za wszystko co Ci to dało.

Uwolnij to z miłością i wdzięcznością, bez konfliktu.

Teraz, kiedy już wyrwałeś chwasty, pojawiła się przestrzeń na zasianie nowych ziaren. Zapytaj „Co sprawi, że będę szczęśliwy?"

Wszystko, co do tej pory zrobiłeś, będzie wspierało Cię w zasianiu nowych ziaren szczęścia. Jak każdy ogród wymaga regularnej pielęgnacji, tak samo i Ty musisz regularnie uprawiać ogród swojego życia przez pielenie i dbałość o nowo zasiane ziarna.

KROK 7: UWOLNIJ NIESAMOWITOŚĆ SIEBIE

Szczęście to skok w nieznane, wiedząc, że pojawi się sieć.

Teraz robi się naprawdę dobrze – nawet lepiej niż dobrze. Robi się niesamowicie!

Kiedy podjąłeś się zrobienia kroków od pierwszego do szóstego, zacząłeś kreować swoje życie ponad wszystkimi znanymi Ci punktami odniesienia. Nie ma już więcej żadnych ograniczeń w tym, kim możesz być albo co możesz robić. Stałeś się twórcą wszystkich nowych możliwości.

Tak się stanie, kiedy „uwolnisz niesamowitość siebie" i skoczysz po więcej szczęścia niż kiedykolwiek przypuszczałeś, że jest możliwe.

I tutaj możesz zboczyć na manowce...

Możesz zacząć wątpić i zacząć zadawać sobie pytanie „Czy naprawdę mogę mieć to wszystko?" (pamiętasz Krok 3 i uzależnienie od bycia nieszczęśliwym?). Albo może zaczniesz bać się skoczyć.

„Czy będzie tam sieć?"

„Czy spadnę prosto na twarz?"

Kiedy to się zdarza, to od Ciebie zależy, co wybierzesz.

„Czy wybieram wierzyć, że Wszechświat jest przeciwko mnie, czy że mnie wspiera?" Ja wierzę w powietrze mimo tego, że nie mogę go zobaczyć. Jest nienamacalne i nie mogę go trzymać w dłoni, a jednocześnie nie mogę bez niego żyć. W ten sam

sposób skaczesz wiedząc, że Wszechświat Cię wspiera, a sieć na miękkie lądowanie po prostu się pojawi.

Kiedy to zrobisz, katapultujesz się w nowe życie, o jakim zawsze marzyłeś. A zasiane nasiona rozwiną się w nowe możliwości.

Pamiętaj, że nie możesz dokonać tego skoku bez uznania tego, że jesteś nieszczęśliwy, wybrania szczęścia, odpuszczenia uzależnienia od bycia nieszczęśliwym, sięgnięcia po wsparcie, słuchania, wyrwania chwastów i zasiania nowych ziaren.

Teraz jesteś gotowy na uwolnienie.

Podobnie jak złota droga, te kroki to kamienie milowe do szczęścia.

Prawdziwe pytanie brzmi: czy wybierasz?

ROZDZIAŁ 10
JAK TO JEST BYĆ RADYKALNIE ŻYWYM

To nieprawda, że nasz najgłębszy lęk dotyczy tego, że nie jesteśmy wystarczająco dobrzy. Najbardziej boimy się własnej siły, która wykracza poza nasze najśmielsze wyobrażenia. Największy lęk budzi w nas nasze światło, nie ciemność. Pytasz: Kim jestem, żeby ośmielić się być genialnym, wspaniałym, przystojnym, utalentowanym, fantastycznym? Lepiej zapytaj: Kim jestem, żeby się nie ośmielić?

— *MARIANNE WILLIAMSON*

Pozwólcie, że w tym rozdziale głębiej się wkopię w różne a jednak niezbędne aspekty Twojego życia, aby odkryć Twoje ograniczenia i pomóc Ci stać się radykalnie żywą wersją Ciebie. Wiesz, każdy z nas ma problemy w życiu, a jednak niektórzy muszą o wiele więcej wycierpieć, jeśli chodzi o przyczyny i skutki swoich problemów. Niemniej co każdemu wyda się niesprawiedliwe, to utknięcie w niewidzialnej klatce. Wszyscy zasługujemy na bycie radykalnie, orgazmicznie żywi w naszych finansach oraz w osobistych i romantycznych życiach.

Ostatnie dziewięć rozdziałów mówiło o tym, jak być radykalnie żywym w swoim umyśle, ciele i duchu. W tym rozdziale przejdę z Tobą kolejną milę wartą zachodu, aby stać się szczerym wobec siebie finansowo, romantycznie i społecznie.

Zanim przejdę do rzeczy, chcę Ci zadać pytanie: Czy dotąd żyłeś z ograniczeniami i nie czułeś w sobie wystarczającej siły na zmianę?

Oczywiście, każdy chce odpowiedzieć „Nie", lecz gdy się w coś angażujemy i naprawdę to słyszymy, mogłabym odpowiedzieć „Tak".

W pewnym sensie wciąż wpadam w ograniczenia i nie czuje w sobie wystarczającej siły na zmianę, szczególnie jeśli widzę, że coś trwa od dekad. Ale tak, jest na to rozwiązanie.

Na szczęście dla Ciebie wtedy do akcji wkraczam ja. Mój biznes polega na wypędzaniu tych ograniczeń. Nie jest to tylko mój cel dla Ciebie, ale także dla mnie. Opracowałam metodę ROAR, którą się posługuję każdego dnia z moimi klientami i w moim życiu.

Metoda ROAR powstała na bocznej drodze w Północnej Kalifornii, na której się zatrzymałam, mając dwadzieścia lat po zakończeniu relacji w dobrych stosunkach. Zrozumiałam, że byłam w podłym nastoju i z początku myślałam, że to przez rozstanie, ale nie chodziło tylko o to. Doprowadziło mnie to do serii pytań, które później stały się metodą ROAR.

Ta metoda polega na zadaniu serii pytań, pięć lub sześć, które pomagają Ci zidentyfikować obecny wyzwalacz i połączyć go z pierwotnym wyzwalaczem z przeszłości. Wtedy dokonujesz pracy nad swoją przeszłością, wyrywasz chwasty i powracasz z nauką, tworzysz nowe nawyki i sposoby bycia.

Odtąd, kiedy będziesz się zmagał z tymi pytaniami i szukał rozwiązań do problemów w Twoim życiu, możesz mieć na uwadze wiedzę, którą się teraz z Tobą podzielę. Zacznijmy od Twoich finansowych ograniczeń i znajdźmy drogę do stania się radykalnie żywymi.

FINANSOWO ŻYWI

Pierwszym krokiem do finansowej wolności to uznać, że prawdopodobnie utknąłeś w niewidzialnej klatce nadużycia i odpychasz od siebie finansowe sposobności. Ale czym jest dokładnie finansowe nadużycie?

Są rożne podejścia do tego tematu. Jeden z bardziej oczywistych przykładów jest, kiedy jesteś w związku, czy to w życiu osobistym czy profesjonalnym, w małżeństwie, czy w firmie, w której jesteś czyimś wspólnikiem, ale masz dostęp do pieniędzy tylko ze zgodą drugiej osoby. Taka sytuacja może być rodzajem finansowego nadużycia.

Inny scenariusz: kiedy w małżeństwie lub w spółce jedna osoba ma kontrolę nad wszystkimi sprawami finansowymi, a druga nie ma nic do powiedzenia. W podobny sposób możesz być członkiem wspólnoty religijnej lub duchowej, gdzie oczekuje się opłaty. Jednak różnica tkwi w tym, że wkład finansowy powinien być kwestią wyboru. Jeśli odczuwasz presję, czułeś się osądzony lub traktują Cię inaczej według Twojego wkładu finansowego, prawdopodobnie doświadczasz finansowego nadużycia.

Pracowałam z wieloma osobami, które udzielały się w profesjonalnych, duchowych lub religijnych organizacjach, w których doświadczyły ostracyzacji lub w których im proponowano przywileje związane z ich wkładem finansowym. Tworzy to wyraźną rozbieżność pomiędzy tymi, którzy sięgają do portfeli, a tymi którzy nie.

Uznanie finansowego nadużycia może być intuicyjnym procesem. Twoje ciało może reagować w miarę, jak słyszysz o tych sytuacjach i uświadamiasz sobie „Tego właśnie doświadczyłem". Finansowe nadużycie może również dotyczyć osoby zajmującej się finansami starszej osoby, jak np. pełnomocnik albo wykonawca testamentu. Może nawet przyjąć postać różnic w miejscu pracy, jedna płeć zarabiająca o wiele więcej niż druga na tej samej pozycji. Nadużycie finansowe może przyjąć wiele postaci i może wpłynąć na ludzi na różne sposoby.

A więc jeśli podejrzewasz, że jesteś ofiarą finansowego nadużycia w jakikolwiek sposób, ważne jest, abyś zaufał swojemu instynktowi i uznał naruszenie Twojej finansowej wolności. Czy to członek rodziny, Twój szef, nauczyciel, czy też przywódca religijny, takie sytuacje mogą odebrać Ci kontrolę nad Twoimi pieniędzmi.

Bez Twojej reakcji pozostaniesz pod ich wpływem, powtarzając te same wzorce i doświadczenia z pieniędzmi. To jest nie do wytrzymania. Szczególnie kiedy chodzi o pieniądze ludzie często, chcą szybko wyzdrowieć po tym, jak doświadczyli nadużycia, ale mogą stawić opór przed uznaniem takiego finansowego nadużycia, ponieważ podważa to ich wyobrażenie o sobie.

Jednak masz przyrodzone prawo do pomyślności finansowej. Twój status finansowy nie ma nic wspólnego z kolorem skory, edukacją ani innymi zewnętrznymi czynnikami. Pieniądze są energią, do której masz dostęp i którą możesz przyciągnąć. Bariery do pomyślności są ograniczające przekonania i negatywne percepcje siebie, które wynikają z przeszłych doświadczeń finansowego nadużycia.

Aby żyć radykalną żywotnością musisz najpierw zwalczyć podejście, które Cię od niej powstrzymuje. A więc powiem Ci prawdę o pieniądzach i finansach: *Zasługujesz na tyle, ile pozwolisz sobie mieć i na tyle, ile pragniesz.* Nie ważne skąd pochodzisz; pieniądze są energią, do której każdy może się włączyć. Natomiast nasz system wartości, ukształtowany przez doświadczenia nadużycia i zaniedbania, może nas od niej powstrzymać. Twoja wartość finansowa nie ma wpływu na Twoje poczucie własnej wartości. Bez względu na płeć, poziom edukacji, czy jakikolwiek inny czynnik, masz potencjał, aby dokonać czegokolwiek pragniesz, jeśli zdołasz uwolnić się od łańcuchów nadużycia i otworzyć się na pomyślność finansową.

Przestań pozwalać nadużyciu z przeszłości dyktować Twoją finansową przyszłość. Zamiast tego skonfrontuj się z rzeczywistością, zrzuć z siebie bagaż, który do Ciebie nie należy i zacznij podroż do wolności finansowej. Ze szczerością i świadomością siebie możesz zacząć zamanifestować bogactwo i bezpieczeństwo, na które prawdziwie zasługujesz.

Teraz kiedy masz zdrowe nastawienie, podam Ci pięć proste kroki, które należy wykonać, aby pozbyć się finansowego uciśnięcia. Pierwszy z nich może Ci się nie spodobać, ale jest konieczny.

Zacznij od napisania, czego nienawidzisz na temat pieniędzy. Wypisz od dziesięciu do piętnastu rzeczy, których nie lubisz, czy to zmagania, konflikty, rachunki, odsetki, czy jakiekolwiek inne aspekty, które stanowią dla Ciebie wyzwanie. Potem napisz wszystko, co lubisz o pieniądzach, takie jak wolność, wybór i możliwości, które oferują, nie skupiając się na konkretnych rzeczach.

Po tym przejdź do trzeciego kroku. Wyobraź sobie życie, w którym pieniądze nie są już dłużej problemem. Pomyśl o tym, co byś wybrał i miał w swoim życiu, gdybyś miał tyle pieniędzy, ile pragniesz i nigdy więcej się o nie nie martwił. Ten krok może dla wielu stanowić wyzwanie, ponieważ utknęli w cyklu miłości i nienawiści do pieniędzy.

Czwarty krok polega na opisaniu, jak byś się czuł, gdybyś miał wszystkie potrzebne Ci pieniądze i nie musiał już więcej się o nie zatroszczyć. Jaki wpływ by to miało na Twoje zachowanie? Czy byłbyś bardziej pewny siebie, uśmiechał się częściej i wyrażał siebie inaczej? Jak by wyglądało Twoje ciało? Czy zmieniłaby się Twoja garderoba? Pomyśl o tym, gdzie byś żył i w jaki sposób.

Piaty krok jest o rozważaniu o tym, co byś chciał oddać światu, gdybyś miał więcej pieniędzy niż potrzebujesz. Jakiego rodzaju darowizny, organizacje charytatywne lub przedsięwzięcia chciałbyś wspierać? Czy to czysta woda dla biednych krajów, sponsorowanie edukacji, założenie organizacji non-profit, lub wspieranie kreatywnych projektów, napisz Twoje marzenia i aspiracje.

Proces przelania na papier tych myśli jest transformacyjny. Przywołuje energię Twoich pragnień do rzeczywistości, proponując Ci nowe wybory i możliwości. Pamiętaj, podjęcie pierwszego kroku jest kluczowe, zwrot o jeden stopień, zaczynając od Twojej aktualnej sytuacji, na podstawie tego, co napisałeś. Wiele ludzi ma tendencje do utknięcia w nastawieniu „Nie mam tego", lecz te pięć kroków pomogą Ci uwolnić się od niego. Otwórz się na zwrot o jeden stopień i zacznij podróż do czynienia tego, co kiedyś wydawało Ci się niemożliwe, możliwe.

ROMANTYCZNIE ŻYWI

W związkach często napotkasz konflikty pojawiające się ze względu na rożne punkty widzenia i na rożne sposoby, nawet kiedy nie chciałeś ich spowodować. To jak powtarzający się wzorzec, który wciąż się pojawia i sprawia, że się zastanawiasz „Czy o to mi chodziło?" Ale wciąż się pojawia. Ten powracający motyw jest Twoim sygnałem na to, że coś głębszego się dzieje.

Na przykład, w moim własnym życiu, był moment, kiedy zrozumiałam, że konflikty pojawiały się w rożnych aspektach mojego życia i nagle zobaczyłam siebie, jako wspólny mianownik. Stało się jasne, że byłam uwięziona w klatce swojego związku, gdzie moje próby komunikacji i połączenia wciąż napotykały opór lub zmaganie. Jest to uczucie, że nie ważne, gdzie się zwrócisz, jakoś utknąłeś w pętli.

Jest tak często w jednostronnych relacjach. Niestety rozpoznanie jednostronnej relacji może być dosyć przykre. Jednak jest raczej łatwa do wykrycia. Po opuszczeniu takiego związku możesz się zastanawiać „Dlaczego tak długo to znosiłem i co jest ze mną nie tak?" Prawda jest taka, że nic z Tobą jest nie tak. Wyzwanie polega na tym, że większości z nas nie nauczono lub nie pokazano jak się angażować w wzajemnie się wspierający, przezroczysty, dwustronny i przyczyniający się związek.

Rzeczywiście, jeśli zaglądniesz do słownika, „związek" jest określony jako *odległość między dwoma rzeczami.* Wiele ludzi buduje związek na podstawie tej definicji, która często prowadzi do jednostronnej dynamiki - przynajmniej po trzech do sześciu miesięcy błogości.

Jednostronną relację charakteryzuje znaczny brak równowagi w dawaniu i otrzymywaniu. Może Ci się również wydawać, że każda Twoja prośba nie zostaje spełniona, lub gorzej, spotyka się z osądem, krytyką i poczuciem „proszenia o zbyt wiele". W takich związkach Twoje potrzeby są zwykle ignorowane i czujesz się uwięziony.

W jednostronnych relacjach może również się pojawić *gaslighting*, który polega na tym, że druga osoba Cię manipuluje do tego stopnia, że zaczynasz wątpić w swoją własną rzeczywistość. Może stać się całkowicie pochłonięta sobą, martwiącą się jedynie o własne życie i problemy. Takie narcystyczne podejście może sprawić, że to Ty będziesz robił całą ciężką robotę, a ona ledwie kiwnie palcem, otrzyma bez dawania.

Nie oczekuj jednak, że ta druga osoba się zmieni. Koniecznie postaw granice, podziel się Twoimi potrzebami i zadaniami, o których nie zamierasz negocjować, nawet jeśli prawdopodobnie nie zostaną one spełnione. Czasami, postawienie tych granic może obudzić Twojego partnera do rzeczywistości sytuacji i go zachęcić do koniecznej zmiany. Kluczem jest, aby wtedy nie krytykować, ani nie wytykać palcem, lecz odzyskać swoją moc i wybrać to, co jest zgodne z Twoim szczęściem i dobrobytem.

Koniec końców nie chodzi o zostanie albo odejście, lecz o odnalezienie radości i wzajemne dawanie i otrzymywanie w swoim związku. Jeśli nie ma radości, prawdziwego dzielenia się, jest wtedy czas na przemyślenie relacji. Nie możesz zmienić się lub wybrać za kogoś; możesz jedynie wybrać i zmienić się dla siebie.

Pamiętaj, jesteś odpowiedzialny za kreowanie własnego życia. Bez względu na to, czy to oznacza rozstać się, czy iść wspólnie na przód. Tu chodzi jedynie o Twoje szczęście, klarowność i dążenie do Twojego pełnego potencjału. Nie ma dobrego albo złego wyboru - tylko pytanie czy jesteś szczęśliwy, czy dobrze się czujesz i czy żyjesz w pełni wykorzystując swój potencjał.

Związki są jak taniec, ważne jest, aby pamiętać, że każda z osób mą swoją unikalną częstotliwość. Niektórym łatwiej zharmonizować się z kimś w konkretnym rodzaju związku. Co działa dla Ciebie niekoniecznie działa dla Twojego partnera i na odwrót. Wtedy prawdziwie zaczyna się taniec w związku.

Klucz do tego, aby odciążyć związek, leży w byciu otwartym, akceptującym i ciekawym drugiej osoby, z którą postanowiliśmy się połączyć.

Kiedy pojawiają się różnice lub wyzwania, spróbuj nie reagować frustracją czy osądzać. Zamiast tego, podejdź do sprawy z ciekawością. Na przykład, zamiast się denerwować, zadaj pytania i staraj się zrozumieć perspektywę drugiej osoby. Angażując się w dialog i będąc szczerze zainteresowanym ich punktem widzenia, możesz przemienić potencjalny problem w okazję do silniejszego połączenia.

Ważne jest zdać sobie sprawę z tego, że nie wszystkie związki są łatwe i czasami możesz nieświadomie powtarzać rodzinne wzorce. Sposób interakcji Twoich rodziców prawdopodobnie pozostawił ślad w Twoim własnym podejściu do relacji. Uważaj na te wzorce i staraj się kultywować ciekawość, akceptację i pozwól sobie budować bardziej harmonijne i zadowalające połączenie.

Pamiętaj, że defensywność i ostre reakcje mogą stworzyć dystans i utrudnić intymność w relacji. Aby sprzyjać swobodzie, staraj się być bardziej ciekawy, akceptujący i otwarty na możliwości. Zamiast skupiać się na problemie, odkrywaj możliwości z Twoim partnerem.

Jeśli szukasz bardziej przyjemnego i wzbogacającego związku lub jeśli się zastanawiasz, jak sprawić, żeby Twoja relacja miała w sobie więcej zabawy, oto pięć pomysłów na to. I jeśli nie będą do Ciebie pasować, możesz śmiało stworzyć swoje własne:

Jeden: Wybierz zajęcie, które przyniesie radość Wam obu, coś, co wywołuje podniecenie i tworzy wspólne doświadczenie. Czy to oglądanie filmu, uczestnictwo w jakimś wydarzeniu, czy po prostu rozkoszować się popcornem, śmiało! Język czy format nie ma znaczenia; chodzi o delektowanie się czasem razem spędzonym.

Dwa: Znajdź coś, co warto celebrować jako para. Może to przyjąć kształt spotkania z przyjaciółmi, pójścia na wykwintną kolację czy wystrojenia się i wyrażenia wzajemnie swojej wdzięczności. Uświadomienie sobie swojego połączenia może samo w sobie być wspaniałym doświadczeniem.

Trzy: Spróbujcie zamienić się rolami. Niech każdy z Was wybierze zajęcia, które druga osoba niekoniecznie by wybrała. To Cię zachęci do poznania zainteresowań Twojego partnera i poszerzy Twoje własne horyzonty.

Może nie powtórzysz każdego wybranego zajęcia, ale zyskasz lepsze spostrzeżenie o sobie nawzajem.

Cztery: Rzućcie sobie wyzwanie, aby razem nauczyć się czegoś nowego. Odkryj, co podnieca Twojego partnera w jego zainteresowaniach i podziel się z nim również Twoimi pasjami. Angażowanie się w nowe doświadczenia może być wiążącą przygodą.

Pięć: Poświęćcie czas na indywidualne przyjemności i zachęć Twojego partnera, aby zrobił to samo. Czasami zadbanie o siebie i realizowanie osobistych zainteresowań może orzeźwić dynamikę Waszego związku. Zaplanujcie wyjazd lub angażujcie się w przypadkowe akty spontaniczności, aby uwolnić się od rutyny.

Te kroki wprowadzają urozmaicenie i witalność do Twojego związku, gwarantując, że będziesz czerpał przyjemność ze wspólnych chwil i że będziecie dalej wspólnie wzrastać. Byłaby to wtedy idealna relacja, w której możesz być radykalnie orgazmicznie żywy.

WZNIEŚ SIĘ I ŻYJ SWOIM ROAR

Na końcu powiedziałabym, że bycie radykalnie żywym w naszych czasach to wznieść się i żyć swoim ROAR. Chodzi o odsłonięcie prawdziwego Ciebie, który od zawsze istniał w Twoim wnętrzu, gotowy, aby się wydostać na wolność do rzeczywistości. Kiedy uwolnisz autentycznego siebie, promieniejesz prawdziwością, pasją, witalnością i nowym rodzajem potężnej siły. To jak odkryć supermoc, niezwykłą potęgę, która napędza Twoją energię i wibruje z frekwencją „A co mi tam, do dzieła!"

Pomimo doświadczenia walk, traum i dramatów przeszłości, czas, aby się wznieść i żyć swoim ROAR, robić rzeczy inaczej niż wcześniej. Co się sprawdzało w przeszłości już nie ma znaczenia, ponieważ żyjemy teraz, a to nie dało rezultatów, jakie wiesz, że możesz osiągnąć.

Wznieść się i żyć swoim ROAR ucieleśnia „teraźniejszość", w której nie ma miejsca na czekanie. Chodzi o działanie, aby przynieść radość i przyczynić się do lepszego świata i własnego życia.

Nie ma tolerancji dla przeciętności, koniec z nudnym, rutynowym czterdziestogodzinnym tygodniem pracy. Chodzi o to, aby, sięgać poza swoje poprzednie ograniczenia, mieć do siebie zaufanie jak nigdy wcześniej i wierzyć w swoje zdolności do kreowania czegoś niezwykłego.

Chodzi o staranie się o więcej, dążenie do Ligii Mistrzów, do Mistrzostw Świata i wszystkich wyróżnień. O dawanie z siebie wszystko światu i czucie się jak zwycięzca. Nie chodzi tylko o działanie, ale również o otrzymywanie. Wszechświat Ci błogosławi w każdym aspekcie Twojego życia, osobistym, relacyjnym, profesjonalnym i energetycznym. Czy w kreowaniu przestrzeni, jakiej potrzebujesz, czy w otrzymywaniu tego, czego pragniesz, jest to robione bez zmagań. Nawet gdy pojawiają się wyzwania, już nie wydają się być zmaganiami, ponieważ uzyskałeś głębokie zrozumienie tego, że możesz dokonać zmian, kiedy są konieczne.

Esencja Wznieś się i Żyj swoim ROAR to wiedza, że posiadasz w sobie radykalną, orgazmiczną, żywą rzeczywistość i że cokolwiek jest Tobie przeznaczone, niewątpliwie dotrze do Ciebie. Jeśli ta wiedza do Ciebie przemawia, zapraszam Cię do dołączenia do mnie do podróży w Wzniesieniu się i Życiem swoim ROAR razem.

POSŁOWIE

POSŁOWIE

Pozwól sobie zaufać radości i przyjąć ją.

Odnajdziesz siebie tańczącego ze wszystkim.

— *RALPH WALDO EMERSON*

Jeśli jakieś z powyższych założeń, jakie przeczytałeś w tej książce, wydają się być radykalnym spojrzeniem, o to właśnie chodziło.

Dopóki żyjesz swoim małym życiem, kontrolując i porcjując wydatkowanie energii, zamknięty w malutkiej przestrzeni na ruch — w niewidzialnej klatce nadużycia — wszystko to może wydawać się fantastyką, kompletnie, poza tym co potrafisz sobie wyobrazić...

Żyć Radykalnie, Orgazmicznie Żywą Rzeczywistością. Albo, jak uwielbiam to mówić...

Żyć swoim *ROAR!*

Prawda jest taka, że wszystko co zaprezentowałam w tej książce, jest *dopiero początkiem* drogi do Radykalnej Żywotności.

Tak jak obiecałam na początku, narzędzia, koncepcje, wskazówki i kroki, które tu zaprezentowałam, będą prowadzić przez grzęzawisko oporu usidlającego Cię w zacieśnionym doświadczaniu życia.

Opór przyjmuje wiele twarzy i najczęściej wygląda bardzo „realnie" i wiarygodnie. Najczęściej pojawia się pod postacią braku pieniędzy, czasu, energii, wiedzy albo umiejętności, aby robić to, czego pragniesz.

Lecz nie są to powody i uzasadnienia. Tylko *kreacje*.

I wszystkie one pochodzą z przekonania, że "Coś ze mną jest nie tak.... widzisz?"

Jeśli można powiedzieć jedną rzecz o oporze - to *coś* zawsze stoi pomiędzy Tobą a tym, czego pragniesz.

A pod koniec dnia, wszystkie są kreacjami – ukrytymi wymówkami – zaprojektowane w jednym jedynym celu: zatrzymania Cię w wędrówce ponad to, co znane i postrzegane jako bezpieczne.

Kiedy przyjrzysz się bliżej, ten rodzaj bezpieczeństwa jest rzeczą względną, ruchomym celem, zdefiniowanym przez kontekst, jaki stworzyłeś w pewnym momencie, aby siebie ochronić. Kiedy żyjesz w niewidzialnej klatce zbudowanej z przeszłych nadużyć, co tak naprawdę jest bezpieczne?

Zatem następnym razem, kiedy poczujesz opór, strach, aby stawić czemuś czoła, albo poczujesz, że próbowałeś już wszystkiego i nic nie działa, oto kilka pytań, jakie możesz zadać sobie:

Jeśli bym wiedział, że to mnie zatrzymuje, czy wybrałbym to odpuścić?

Czy jestem gotów odpuścić moje osądy na ten temat?

Czy jestem gotów zamienić "x" na "y"?

Na koniec - prawdziwe bezpieczeństwo może jedynie być doświadczone poprzez ekspansję i świadomość, przez Twoją własną świadomość chwili obecnej. Pojawia się, gdy uczysz się rozpoznawać i słuchać szeptów świadomości w sobie, ufasz temu, co słyszysz i działasz z chwili na chwilę.

To jest wybieranie szczęścia i pozwolenie, aby było Twoim przewodnikiem.

To rozprzestrzenienie się do łatwości, lekkości, radości i zabawy jaka jest możliwa, kiedy wybierasz dla siebie.

I wreszcie: to uczenie się życia z życzliwością...

Dla innych, dla planety, a przede wszystkim... Dla *siebie*.

Dr Lisa Cooney to kreatywna, generatywna liderka transformacji osobistej i ekspertka rozwoju ponad nadużyciem do piękna. Jest licencjonowanym terapeutą małżeńskim i rodzinnym, doktorem, Mistrzem Theta Healing oraz certyfikowanym facylitatorem, stworzyła ruch Żyj Swoim ROAR!, Bądź Sobą! Ponad Wszystkim! Kreuj Magię!

Jej prace umożliwiły tysiącom ludzi przekroczyć most z seksualnego lub innego, nadużycia z dzieciństwa do życia *Radykalnie, Orgazmicznie Żywą Rzeczywistością* (ROAR).

Magia jej pracy opiera się na podstawowych koncepcjach, których użyła, aby uzdrowić samą siebie, nie tylko z przemocy doświadczonej we wczesnym dzieciństwie, ale również z choroby zagrażającej życiu. Te podstawowe zasady, włączając w to „4C" – Wybierasz dla siebie (*Choosing for you*), Opowiedz się za sobą (*Committing to you*), Współpracujesz ze Wszechświatem wiedząc, że Cię wspiera i błogosławi (*Collaborating and knowing that the universe is conspiring to bless you*), Kreujesz życie jakiego prawdziwie pragniesz (*Creating the life you desire*) – są kamieniami węgielnymi do głębokiej i trwałej transformacji.

Poza jej własnym rewolucyjnym i odkrywczym wkładem dla ciała i transformacyjnej wiedzy, jest uzdolniona w używaniu kreatywnych i energetycznych modalności do facylitowania innych ponad przeszkody do miejsca ich własnego wiedzenia... do przestrzeni, gdzie mogą mieć bezpośredni dostęp do szeptów świadomości.

Znana ze swojego podejścia do życia „Mam to! Bez względu na wszystko!" dr Lisa przewodniczy z duszy i mówi z serca i nie pozostawia za sobą żadnej części duszy, gdy powraca do pełni. Kreowanie życia radykalnie żywego ponad nadużycia jest możliwe.

Idź i Bądź Wielki...